刘国新 · 主编

读点国史
辉煌年代国史丛书

筑梦辉煌
2013年的中国

刘国新　著

四川人民出版社

图书在版编目（CIP）数据

筑梦辉煌：2013年的中国/刘国新著．—成都：四川人民出版社，2017.12（2024.7重印）
（读点国史：辉煌年代国史丛书）
ISBN 978－7－220－10475－6

Ⅰ．①筑…　Ⅱ．①刘…　Ⅲ．①中国历史－2013
Ⅳ．①K275

中国版本图书馆CIP数据核字（2017）第278309号

ZHUMENG HUIHUANG：2013NIAN DE ZHONGGUO
筑梦辉煌：2013年的中国
刘国新　著

策划组稿	谢　雪
责任编辑	董　玲　谢　寒
封面设计	张迪茗
内文设计	戴雨虹
责任校对	林　泉
责任印制	祝　健
出版发行	四川人民出版社（成都市三色路238号）
网　　址	http://www.scpph.com
E-mail	scrmcbs@sina.com
新浪微博	@四川人民出版社
微信公众号	四川人民出版社
发行部业务电话	（028）86361653　86361656
防盗版举报电话	（028）86361653
照　　排	四川胜翔数码印务设计有限公司
印　　刷	四川五洲彩印有限责任公司
成品尺寸	165mm×240mm
印　　张	16.25
字　　数	169千
版　　次	2018年6月第1版
印　　次	2024年7月第3次印刷
书　　号	ISBN 978－7－220－10475－6－01
定　　价	59.80元

总　序

◎李　捷

肩负起以史为鉴、资政育人的神圣使命

《读点国史：辉煌年代国史丛书》主编刘国新同志要我为丛书写篇序。要说的很多，想来想去，还是从国史的地位和国史研究的意义说起。

2013年6月25日，习近平总书记在中共中央政治局第七次集体学习时提出："学习党史、国史，是坚持和发展中国特色社会主义、把党和国家各项事业继续推向前进的必修课。"这就把党史、国史的学习、宣传和研究提到很高的地位。

学习、宣传和研究国史，有助于我们认清党和国家发展的历史方位，认清肩负的历史责任和神圣使命，更加坚定自觉地坚持和发展中国特色社会主义。中华人民共和国如今已经走过近七十年的光辉历程。这个光辉历程，是中华民族伟大复兴史的辉煌篇章。新中国的成立，标志着中华民族伟大复兴第一个历史任务的实现，中华民族的历史从此进入一个新纪元。但是，这只是万里长征走完第一步，中国共产党继续承担起为实现国家繁荣富强、

人民共同富裕的中华民族伟大复兴第二大历史任务。为此，我们完成了社会主义革命，进行了社会主义建设，进行了改革开放新的伟大革命，终于找到了中国特色社会主义这一实现中华民族伟大复兴的必由之路。重温这段历史就会发现，中国共产党领导、马克思主义指导、改革开放和中国特色社会主义道路，都是历史和人民的选择。中国革命、建设和改革为什么只能由中国共产党来领导，而不能由其他政党来领导？为什么中华民族伟大复兴只能以马克思主义为指导，而马克思主义又必须同中国实际相结合？为什么中国只能走社会主义道路，其他的道路为什么走不通？这些本需要从理论上用许多笔墨来阐释的道理，只要站在人民的立场上，紧密结合中国革命、建设和改革的历程，就不难得到解答。这本身就说明，科学理论的逻辑根植于历史发展的总趋势和总脉络之中。只要是站在人民大众的立场，而不是站在少数人的立场，秉承实事求是的原则，而不是抱有某些先入为主的偏见，就不难得出历史的结论。因此，国史同党史一样，都是认清历史方位、历史走向、历史结论最为生动的教科书。

学习、宣传和研究国史，有助于我们深入理解马克思主义中国化的探索史和发展史。新中国所取得的巨大成就，就在于执政的中国共产党是一个在理论上富于探索和创新精神的马克思主义政党。这种理论创新，根源于马克思主义指导，根源于马克思主义基本原理与实际的结合和运用，更根源于自身的历史和实践，根源于历史经验和实践经验的科学总结。马克思主义中国化，都是科学总结党和国家历史正反两方面经验的结果，都是在此基础上对中国革命基本规律、基本理论、基本路线、基本纲领、基本经验的认识产生新飞跃的结晶。改革开放以来逐步形成的党在社会主义初级阶段的基本理论、基本路线、基本纲领、基本经验、基本要求，也是在一代又一代党和国家领导人的带领下，经过不断艰辛探索，不断概括总结，不断推动理论创新和实践创新的基础上，接力发展得来的。尽管改革开放以前的探索经历过严重的曲折，直到党的十一届三中全会成功实现伟大的历史性转折之后，这一探索才真正走上了中国特色社会主义的康庄大道。但历史是不能割断的。改革开放以前成功的探索所提供的宝贵经验、理论准备、物质基础是宝贵财富，改革开放以前严重失误的探索所提供的历史借鉴同样是使我们党坚定不移地走上中国特色社会主义道路的宝贵财富。为什么说无论搞革命、搞建设、搞改革，道路问题都是最根本的问题？为什么说新中国的一切成就，归结到一点，就是开辟形成确立了中国特色社会主义道路、中国特色社会主义理论体系、中国特色社会主义制度？要正确回答这些问题，必须系统地而不是零散地学习研究共和国的历史，深入地了解党的治国理论是如何从自身的历史和实践中总结出来的，又是如何随着时代和实践的发展变化而不断丰富、完善、创新、发展的。因此，国史是深刻理解马克思主义基本原理和科学社会主义原理在中国的成功运用和创造性发展最为生动的教科书。

学习、宣传和研究国史，有助于我们深入把握历史发展的主题和主线、主流与本质，更加自觉地划清历史唯物主义同历史虚无主义的原则界限，增强辨别真伪、明辨是非的能力。新中国成立后我们也有过“大跃进”和“文化大革命”这种全局性的严重失误。然而，这些曾经给建设事业造成严重损失的失误，都依靠党和国家自身得到了彻底纠正。不仅如此，从这些失误中得到的教训，还转化为实现伟大历史转折、推动党在理论上更加成熟、成功开辟新路的宝贵财富。正所谓“吃一堑长一智”。只要我们把这些作为完整的历史过程联系起来看，既看到党和国家在艰辛探索中犯错误的历史，也看到党和国家自觉纠正错误探寻新路的历史，更看到党和国家在探索中走向成熟、走向辉煌的历史，就不难认清新中国历史的主题和主线、主流和本质。为什么说必须坚持改革开放前后两个历史时期的辩证统一，既不能用改革开放后否定改革开放前的历史，也不能用改革开放前否定改革开放后的历史，其深刻的道理就在这里。自中国共产党成立之日起，党团结带领全国各族人民为实现民族独立、人民解放和国家繁荣富强、人民共同富裕这两大历史任务而不懈奋斗，这就是国史的主题和主线。一部共和国史，就是党领导人民完成新民主主义革命和社会主义革命、进行社会主义建设和改革开放新的伟大革命的历史，就是不断推进马克思主义中国化，最终形成中国特色社会主义道路、理论和制度的历史，就是党在中国革命、建设和改革各个历史时期坚持全心全意为人民服务的宗旨、永葆先进性和纯洁性的历史。这就是国史的主流和本质。在这方面，通过拨乱反正实现伟大历史转折形成的第二个历史决议，为我们用历史唯物主义正确对待历史树立了榜样。历史反复证明，把握国史的主题和主线、主流和本质，不但不会妨碍对自身所犯错误的反思与纠正，而且正是彻底纠正错误、总结经验、吸取教训的科学前提。这正是历史唯物主义同历史虚无主义的根本区别。因此，国史是启迪人们从成功中吸取经验、从失误中吸取教训，不断开辟走向胜利的道路、提高领导水平和执政能力最为生动的教科书。

学习、宣传和研究国史，还有助于我们弘扬中国精神、凝聚中国力量，团结一切可以团结的力量，调动一切可以调动的积极因素，为实现民族复兴“中国梦”而奋斗。新中国在不同历史时期形成了雷锋精神、“铁人”精神、“两弹一星”精神、改革开放时代精神等，形成了理论联系实际、密切联系群众、批评和自我批评的优良传统作风。毛泽东、刘少奇、周恩来、朱德、任弼时、邓小平、陈云等老一辈革命家不仅亲手培育了这些精神和优良传统作风，而且身体力行、率先垂范，为我们党树立了坚持理想信念和党性修养的精神与道德的楷模。无论在发展顺利之时，还是身处逆境之时，中国共产党人始终秉持理想信念的力量，秉持崇高精神的力量，所向披靡，无坚不摧。中国共产党用牺牲了上千万英雄儿女的事实，用自身的先锋模范作用，用革命、建设和改革的辉煌业绩，用全心全意为人民服务的赤诚，感召了全中国各族人民聚集在中国特色社会主义旗帜之下，为实现民族复兴“中国梦”而共同奋斗。因此，国史是继承中华文明5000多年优良传统，坚持近代170多年以来形成的革命传统，在当代弘扬中国精神、凝聚中国力量最为生动的教科书。

研究国史是神圣的事业，一定要投入真感情。也就是说，不仅仅要把研究国史看成是一项工作，有科学严谨的研究方法和研究态度，更要把研究国史看成是一份神圣的事业，一份值得投入精力、倾注感情的事业。有了这份深厚的感情，才能有研究的动力和出发点，也才能取得经得住时间检验的科研成果。《读点国史：辉煌年代国史丛书》由一批国史研究领域的专家担纲撰写，他们有专业背景，曾承担过国家级重大课题，也都有个人的研究著述，形成学风严谨、功力扎实的品格。我相信这套丛书是他们用心写就的。

如今社会上存在着一种质疑国史和党史的倾向，这种质疑恰恰是对历史缺乏深入了解的结果。一方面，极少数人为了某种目的，想要刻意否定这段历史，因此就把历史上共产党人的缺点和错误无限夸大，这是一种歪曲历史的行为；另一方面，有些人以“历史解密”“历史内幕曝光”为噱头，在网上抛出许多没有依据的、鲜为人知的历史来吸引人们的好奇心和注意力，这也是对历史的一种误导。这套丛书以正史的姿态普及国史知识。它所选取的12个年份，是有影响和充实着重大事件的12年，构成了共和国历史的基本框架。该丛书采用纪事本末体，分别立传，既不歪曲历史也不误导读者。创作理念上以平实为要，不求新奇，不发空论。古代史学家刘知幾认为“良史以实录直书为贵”，顾炎武也说“古人作史有不待论断而于序事中即见其指者”，都讲的是论从史出的道理。该丛书秉承了中国史学的这一传统。在行文上力求鲜活、生动、明快。内容铺陈上又能做到严谨而不失于呆板，摆脱了偏重政治史的范式，特别注意对社会风尚、时代精神、民间习俗以及大众意识的描述，每一本书相对来说都有一个知识增量。

站在今天去理解历史、感知历史，可以更好地把握未来。我们在感知共和国脉搏律动的同时，也在书写共和国不同凡响的篇章。一位老同志曾经说过，共和国千秋万代，国史研究也千秋万代。让我们在千秋万代的事业中贡献自己的一点一滴。

总前言

◎刘国新

在中华人民共和国成立近七十周年之际，将自己多年的研究成果和心得付梓，是从事国史研究的专业人士理应做到的分内之事。

2013年6月25日，习近平总书记在中共中央政治局第七次集体学习时提出："学习党史、国史，是坚持和发展中国特色社会主义、把党和国家各项事业继续推向前进的必修课。"把党史、国史的学习提到各项事业前进的必修课的高度，这还是第一次。《读点国史：辉煌年代国史丛书》正是落实习近平这个号召的具体行动。它以正史的姿态普及国史知识，用它的品位在"读点国史"中尽一份社会责任。

这套《读点国史：辉煌年代国史丛书》选择在共和国历史上产生过重大影响或者引起社会加速发展并充实着重大事件的12个年份为时间节点，一年一本，各自成卷，构成了共和国历史的基本框架。

如果从完整的纪年看，1950年无疑是新中国的第一年。中国20世纪最伟大的女性、被人们称为"国之瑰宝"的宋庆龄，当年是中央人民政府副主席，她将1950年称作"第一年的新中国"。

这一年，我们的共和国到处洋溢着欣欣向荣的新气象。新社会、新政府、新生活、新天地……大到国家关系，小到百姓的日常起居，人们都实实在在地感受到新旧社会两重天，感受到中国的历史巨变。当然，这仅仅是开始，更为波澜壮阔的变迁还在后面。在共和国历史中，1950 年之所以具有里程碑意义，就在于它是“一元初始，万象更新”。

1954 年之所以是“大业宏图”，皆因这一年召开了第一届全国人民代表大会，毛泽东主持制定了共和国第一部宪法。中国第一次以大国身份出席重要的国际会议，提出划时代的和平共处五项原则，为建立国际关系新秩序奠定了坚实的理论基础和令人信服的实践基础。这一年又是过渡时期总路线公布后的第一年，公私合营和农业合作化运动，迈出了决定性的一步。

1956 年，社会主义改造全面完成。接下来召开的中共八大清醒地认识到我国无产阶级和资产阶级之间的矛盾已经基本解决，国内主要矛盾是人民对于建立先进的工业国的要求同落后的农业国的现实之间的矛盾，是人民对于经济文化迅速发展的需要同当前经济文化不能满足人民需要的状况之间的矛盾。为此，党和国家的工作重点就是把我国尽快地从落后的农业国建设成为先进的工业国。这一年，“双百”方针的提出，“向科学进军”的号召，使整个科学文化事业呈现出勃勃生机。1956 年的的确确是“意气风发”的一年。

从 1956 年至 1966 年的十年是共和国开始全面建设社会主义的十年。这其中既充满艰辛的探索，也不可避免地在探索中曲折发展。这十年间，有代表性的是 1962 年。年初召开的七千人大会，初步总结了“大跃进”以来的经验教训，对推动国民经济全面调整起到了积极作用。9月召开的党的八届十中全会未使“左”倾错误在经济工作的指导思想上得到彻底纠正，而在政治和思想文化方面还有发展。国内形势困难曲折，国际局势错综复杂。印度不断在中印边界制造事端，中国军队被迫自卫反击。中苏两党分歧加剧，国际共运的争论和分歧达到新阶段。用“关山飞渡”来概括这一年，较为贴切。

1976年可谓大悲大喜。“文化大革命”这一全局性的错误至此已进入第十个年头，三位伟人相继离世，“四人帮”倒行逆施，唐山大地震损失惨重，国民经济濒临崩溃边缘。中国人民在关乎国家与民族命运的大搏斗中终于再次赢得胜利。噩梦醒来，艳阳高照。所谓“激荡岁月”，暗含这一年各种矛盾胶着、较量，经历着动荡和激变，代表着正义的力量终于取得了胜利的那样一种状态。

1978年是共和国历史上经历伟大转折的一年。粉碎“四人帮”后，我党为肃清“左”的影响，为发展国民经济进行了大量的卓有成效的工作，但也遇到阻力。关于真理标准问题的大讨论，在全党再次确立了实事求是的思想路线。党的十一届三中全会的召开，在政治、思想、组织等领域全面开始了拨乱反正，揭开了改革开放的序幕，标志着一个新时代的开始，“伟大转折”成为新的起点。

1984年，农村改革使粮食产量第一次突破4亿吨，基层政权建设完成了政社分离，建立了乡政府和村民委员会，人民公社体制不复存在。党的十二届三中全会的决定突破了把计划经济同商品经济对立起来的传统观念，为经济体制改革提供了新的理论指导，改革的重点从农村转向城市。对外开放迈出新的步伐，开放14个沿海港口城市。根据“一国两制”的构想，中英两国政府签订了联合声明，香港问题圆满解决。这一年，可谓“春潮涌动”。

1992年，邓小平视察南方并发表重要谈话，从理论上深刻回答了长期困扰和束缚人们思想的许多重大问题。同年召开的党的十四大作出三项具有深远意义的决策：确立邓小平中国特色社会主义理论在全党的领导地位；明确我国经济体制改革的目标是建立社会主义市场经济体制；强调抓住机遇，加快我国经济社会的发展，推进改革开放跃上新台阶，中国改革开放的大船“迎风破浪”，驶上新的航程。

1997年，江泽民在党的十五大报告中，进一步阐述邓小平理论的历史地位和指导意义，进一步阐述党在社会主义初级阶段的基本路线和基本纲领，并就建设中国特色社会主义的政治、经济、文化作出全面部署，确定了跨世纪发展的宏伟蓝图，明确回答了国际国内普遍关注的邓小平逝世后中国怎样“继往开来”的重大问题。

2003年，是中国发展进程中重要而非同寻常的一年，也是改革开放和社会主义现代化建设取得显著成就的一年。以胡锦涛为总书记的新一届中央领导集体从改革开放25年的实践中、从抗击“非典”疫情的斗争中获得重要启示：坚持以人为本，树立全面、协调、可持续的科学发展观，促进经济社会和人的全面发展。从单纯追求经济增长，到促进经济、社会和人的全面发展，这是中国发展观的重大进步，适应了全面建设小康社会的迫切要求。

2008年，是深入贯彻落实党的十七大精神、推进“十一五”规划顺利实施的关键一年，也是我们应对国际经济形势复杂变化、保持经济平稳较快发展的重要一年。中国人民同心同德、顽强拼搏，成功抗击南方部分地区严重低温雨雪冰冻灾害和四川汶川特大地震灾害，成功举办北京奥运会，完成“神舟”七号载人航天飞行任务，举办第七届亚欧首脑会议，中国的经济实力和综合国力进一步增强，人民生活水平继续提高。中国人民同世界各国人民加强友好交流和务实合作，共同应对国际金融危机等严峻挑战，为维护世界和平、促进共同发展做出了新的贡献。这一年恰逢改革开放30周年，中国人民隆重纪念这一重要历史时刻，在总结经验的基础上对继续推进改革开放作出了部署。

2013年在新中国历史上值得书写，不仅因为这一年是新一届政府产生之年，而且因为执政的中国共产党的作风和纪律切实需要加以整顿，党内腐败蔓延正在侵蚀党的肌体，引起人民的强烈不满；改革开放到了深水区和攻坚期，如何让多年的改革开放成果惠及全体人民，而不仅仅是一句漂亮的口号；粗放的经济发展模式，付出了太多的资源和环境成本的代价，必须下大决心转变。这一年，以习近平为首的中共中央在治党治国治军、改革发展稳定的征程上都迈出了坚定的步伐。中华民族伟大复兴的“中国梦”是人民永续辉煌的不竭动力。

尽管有人把国史看作是中国历史“自然的延伸”，但我觉得国史与历代中国断代史还是有所区别的。中国是历史积淀异常深厚的国度，不仅历史悠久，而且史官文化高度发达，史籍经典延绵不绝，史志资料浩如烟海。按照中国史学的一般传统，是后人记前人事，盖因后人看前人更客观，档案文献的查找也更便利。但也不尽然。被鲁迅称为“史家之绝唱，无韵之离骚”的《史记》，其作者司马迁就生活在汉武帝时代，书中就曾记录了不少当时的人和事，无怪乎有人干脆称《史记》为“实录”（《汉书·司马迁》）。今天人讲今天事，当代人修当代史继承的就是中国史学的这一特殊传统，尽管在秉笔直书、正视历史真相方面多多少少还是有距离和难度的。但本套丛书还是做到了“存史”的目的。把过去发生的事情娓娓道来，写清楚它们的来龙去脉，应了孔子所说的“物有本末，事有始终，知所先后，则近道矣”和刘知幾强调的“良史以实录直书为贵”的要求。

这套国史丛书由一批国史研究领域的专家担纲撰写，他们有严谨的治学态度和深厚的学术功力，不会轻易受干扰和动摇。笔者相信这些著作会给读者以不同的感受。

目　录

第二章　改革进行时

第四章　文化及其他

引　言

2013 年在新中国历史上是值得书写的，不仅因为这一年是以习近平为首的中共中央执政的第一年，是新一届政府产生之年，而且因为这一年在治党治国治军、改革发展稳定的征程上都迈出了坚定的步伐。

回望改革开放以来 30 多年，从时间节点看，可以把 10 年作为一个段落。从历史发展的规律上看，每个 10 年的进程有着大体相似的曲线：都是从遇到严峻挑战开始，经过沉着应对，冷静把握，在危机中寻求转机，最终都成功地变被动为主动，改困局为新局。2013 年也许不像 20 年前那样受到西方的联合制裁，社会主义市场经济还刚刚提出，改革的突破口尚待明确；也不像 10 年前那样中国人民被突如其来的一场非典型性疾病所击中，不得不放下其他，举全国之力抗击非典。但我们面临的问题不小也不少。首先是执政的中国共产党的作风和纪律切实需要加以整顿，党内腐败蔓延正在侵蚀党的肌体，引起人民的强烈不满；改革开放到了深水区和攻坚期，容易的、皆大欢喜的改革已经完成了，好吃的肉都吃掉了，剩下的都是难啃的硬骨头，喊了多年的让改革开放的成果惠及全体人民怎样才能落到实处，而不仅仅是一句漂亮的口号；粗放的经济发展模式必须转变，因为它是建立在付出了太多的资源和环境成本和代价基础上的，以至于雾霾一年重似一年，水和土壤的污染程度也到了严重的等级，不可再容忽视了。

这些正是新一个10年开局所面对的困难，也是新一届党中央和政府所必须解决的问题。其实，2012年底，习近平的几次有针对性的谈话，已经在为治国理政破题。11月15日，中共中央总书记习近平在当选后的首次亮相中就以“打铁还需自身硬”表露了反腐的决心；两天之后，在十八届中共中央政治局第一次集体学习时，习近平又以“物必先腐，而后虫生”来警示大家。11月29日，习近平和中央政治局常委李克强、张德江、俞正声、刘云山、王岐山、张高丽等参观《复兴之路》展览时指出，每个人都有理想和追求，都有自己的梦想。现在，大家都在讨论中国梦，我以为，实现中华民族伟大复兴，就是中华民族近代以来最伟大的梦想。这个梦想，凝聚了几代中国人的夙愿，体现了中华民族和中国人民的整体利益，是每一个中华儿女的共同期盼。历史告诉我们，每个人的前途命运都与国家和民族的前途命运紧密相连。国家好，民族好，大家才会好。他还说，实现中华民族伟大复兴是一项光荣而艰巨的事业，需要一代又一代中国人共同为之努力。空谈误国，实干兴邦。我们这一代共产党人一定要承前启后、继往开来，把我们的党建设好，团结全体中华儿女把我们国家建设好，把我们民族发展好，继续朝着中华民族伟大复兴的目标奋勇前进。我坚信，到中国共产党成立一百年时全面建成小康社会的目标一定能实现，到新中国成立一百年时建成富强民主文明和谐的社会主义现代化国家的目标一定能实现，中华民族伟大复兴的梦想一定能实现。

“打铁还需自身硬”中国梦“空谈误国，实干兴邦”“两个一百年目标”，这是解决问题的钥匙。至于具体的办法，随着岁月铺陈逐渐显现在人们面前。这也是本书舒张的脉络。

第一章

从严治党

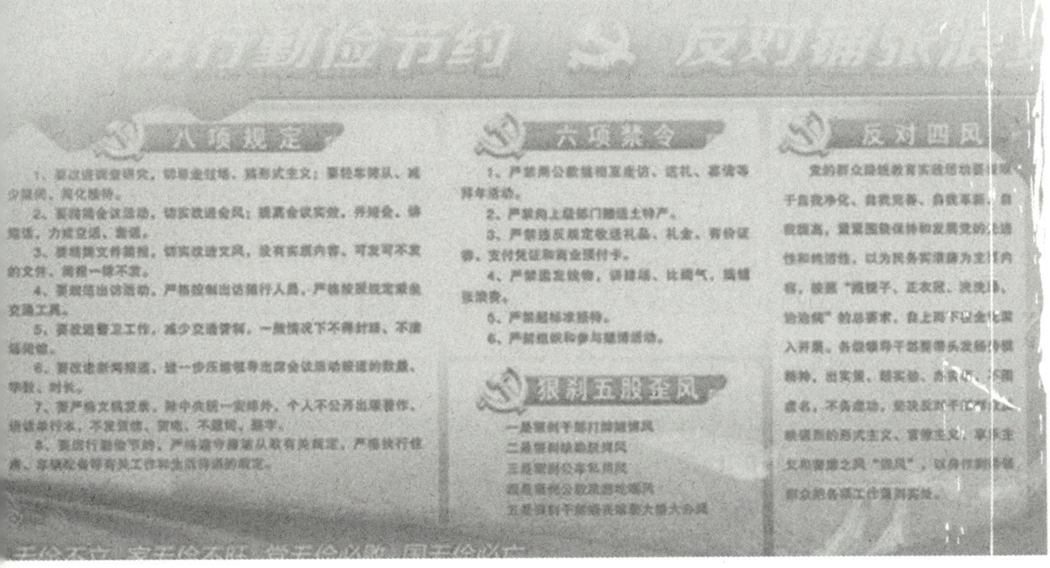

在新形势下，我们党面临着许多严峻挑战，党内存在着许多亟待解决的问题。尤其是一些党员干部中发生的贪污腐败、脱离群众、形式主义、官僚主义等问题，必须下大气力解决。习近平说，打铁还需自身硬。我们的责任，就是同全党同志一道，坚持党要管党、从严治党。从严治党是保持党的先进性和纯洁性、增强党的凝聚力和战斗力的保证，是我们党加强自身建设的优良传统、宝贵经验和一贯方针。切实解决自身存在的突出问题，切实改进工作作风，密切联系群众，使我们的党始终成为中国特色社会主义事业的坚强领导核心。

一、“八项规定”，吹来一股新风

◎“执政党的党风问题是有关党的生死存亡的问题”

◎马克思主义执政党的最大危险，就是脱离群众

◎必须坚决克服形式主义、官僚主义

◎“抓作风建设，首先要从中央政治局做起”

◎“打铁还需自身硬”

◎自觉执行有关规定，不打折扣、不搞变通

◎解决“破窗效应”

◎抓大不放小治标为治本

◎任重道远

（一）“八项规定”和“六条禁令”

2012年12月4日，距离党的十八大闭幕才一个多月，中共中央政治局召开会议，这次会议注定要载入史册，因为会议做出了关于改进工作作风、密切联系群众的“八项规定”。在党内外、国内外立即引起极大反响。规定要求：

1. 中央政治局全体同志要改进调查研究，到基层调研要深入了解真实情况，总结经验、研究问题、解决困难、指导工作，向群众学习、向实践学习，多同群众座谈，多同干部谈心，多商量讨论，多解剖典型，多到困难和矛盾集中、群众意见多的地方去，切忌走过场、搞形式主义。

2. 要轻车简从、减少陪同、简化接待，不张贴悬挂标语横幅，不安排群众迎送，不铺设迎宾地毯，不摆放花草，不安排宴请。

3. 要精简会议活动，切实改进会风，严格控制以中央名义召开的各类全国性会议和举行的重大活动，不开泛泛部署工作和提要求的会，未经中央批准一律不出席各类剪彩、奠基活动和庆祝会、纪念会、表彰会、博览会、研讨会及各类论坛；提高会议实效，开短会、讲短话，力戒空话、套话。

4. 要精简文件简报，切实改进文风，没有实质内容、可发可不发的文件、简报一律不发。

5. 要规范出访活动，从外交工作大局需要出发合理安排出访活动，严格控制出访随行人员，严格按照规定乘坐交通工具，一般不安排中资机构、华侨华人、留学生代表等到机场迎送。

6. 要改进警卫工作，坚持有利于联系群众的原则，减少交通管制，一般情况下不得封路、不清场闭馆。要改进新闻报道，中央政治局同志出席会议和活动应根据工作需要、新闻价值、社会效果决定是否报道，进一步压缩报道的数量、字数、时长。

7. 要严格文稿发表，除中央统一安排外，个人不公开出版著作、讲话单行本，不发贺信、贺电，不题词、题字。

8. 要厉行勤俭节约，严格遵守廉洁从政有关规定，严格执行住房、车辆配备等有关工作和生活待遇的规定。

接着“八项规定”的，是 2013 年 1 月中央出台的六项禁令：

1. 严禁用公款搞相互走访、送礼、宴请等拜年活动。各地各部门要大力精简各种茶话会、联欢会，严格控制年终评比达标表彰活动，单位之间不搞节日慰问活动，未经批准不得举办各类节日庆典活动。上下级之间、部门之间、单位之间、单位内部一律不准用公款送礼、宴请。各地都不准到省、市机关所在地举办乡情恳谈会、茶话会、团拜会等活动，已有安排的，必须取消。各级党政干部一律不准接受下属单位安排的宴请，未经批准不准参与下属单位的节日庆典活动。

2. 严禁向上级部门赠送土特产。各地各部门各单位一律不准以任何理由和形式向上级部门赠送土特产，包括各种提货券。各级党政干部不得以任何理由，包括下基层调研等收受下属单位赠送的土特产和提货券。各级党政机关要严格纪律要求，加强管理，杜绝在机关收受和分发土特产的情况发生。

3. 严禁违反规定收送礼品、礼金、有价证券、支付凭证和商业预付卡。各级领导干部一定要严格把关，严于律己，要坚决拒收可能影响公正执行公务的礼品、礼金、有价证券、支付凭证和商业预付卡，严禁利用婚丧嫁娶等事宜借机敛财。

4. 严禁滥发钱物，讲排场、比阔气，搞铺张浪费。各地各部门不准以各种名义年终突击花钱和滥发津贴、补贴、奖金和实物；不准违反规定印制、发售、购买和使用各种代币购物券（卡）；不准借用各种名义组织和参与用公款支付的高消费娱乐、健身活动；不准用公款组织游山玩水、安排私人度假旅游、出国（境）旅游等活动；不准违反规定使用公车、在节日期间公车私用。

5. 严禁超标准接待。领导干部下基层调研、参加会议、检查工作等，要严格按照中央和省委的有关要求执行。

6. 严禁组织和参与赌博活动。各级党员干部一定要充分认识赌博的严重危害性，决不组织和参与任何形式的赌博活动。

“八项规定”一出台，立即引起媒体和网民广泛关注和热议，受到支持和拥护。

（二）从历史经验的高度看懂作风建设

决定一出台，立刻得到积极的响应，各地区、各部门纷纷采取措施，贯彻落实。我们欣喜地看到，在中央的一系列会议上，会期压缩了，发言简短了，鲜花没有了，排场不见了。接着，各省区市乃至地方基层的各种总结会、表彰会的会风也都为之转变。以会风带动领导作风、工作作风都开始求新求变，一股清新的风气拂面而来。

光荣的传统和优良的作风是我们党克敌制胜的法宝。党的作风，关系党的形象，关系人心向背，关系到党的生命。在党的建设发展史上，每到一个新的历史时期或者重要历史阶段，总是要整顿党的作风，以期使党员干部的思想适应新的形势和要求，使党的组织更好地肩负起完成历史使命的重任。这已经成为一个规律。

新中国成立后，中国共产党迅速地由在根据地、局部执政上升为执掌全国政权的党。地位的变化，必然导致党内思想的变化，思想的变化一定会体现在作风上。首先就是因为胜利，党内的骄傲情绪、以功臣自居的情绪、停顿起来不求进步的情绪、贪图享乐不愿再过艰苦生活的情绪在一些党员干部身上开始滋长。有的党员革命意志消退，贪恋“三十亩地一头牛，老婆孩子热炕头”的生活，不愿再艰苦奋斗；有的党员争名誉、闹地位，个人主义膨胀；有的党员官僚主义、命令主义严重，用简单粗暴的态度对待群众，引起群众的不满；还有少数党员意志薄弱，经不住资产阶级糖衣炮弹的攻击，利用人民赋予的权力谋取私利，腐化堕落。

其次是组织不纯的问题。由于中国革命的特点是农村包围城市，长期的革命实践造成党组织近80%的支部在农村，而且大部分在老解放区，工厂、矿山、企业支部只占3.7%。为了解决党组织分布不平衡的问题，党加大了建党力度，加快发展党员。1949年一年就新增党员140万，相当于每三名党员中就有一名是新党员，成为中共组织史上发展党员最快的一年。新党员给党组织带来新鲜血液和新的气氛，但大发展不可避免地产生鱼龙混杂的现象。过去入党是把脑袋挂在裤腰带上，随时有被捕坐牢甚至杀头的危险。入党在一定意义上讲就意味着牺牲。革命胜利以后，入党就和名誉地位联系在一起，一些投机分子看到入党有利可图，就挖空心思钻进党内，造成党的组织不纯。

当时党内的状况难以担负起领导全国各族人民建设国家、新社会的任务，党中央决定开展整党，也就是通过整顿党的作风达到整党的目的。整风运动自延安时期开始，是党加强自身建设的一个有效方法。1950 年 5 月 1 日，中共中央发出《关于在全党全军开展整风运动的指示》，要求严格地整顿党的作风，首先是整顿干部作风。在 6 月召开的党的七届三中全会上，对全党整风工作作了具体部署，要求坚决地执行中央关于巩固和发展党的组织，加强党和人民群众的联系，开展批评与自我批评等一系列指示，目的在于提高干部和一般党员的思想水平和政治水平，克服以功臣自居的骄傲自满情绪，克服官僚主义和命令主义，改善党和人民群众的关系。各地各级党组织在整风中，通过学习文件，讨论政策执行情况，检查思想和作风，开展批评与自我批评，将由上而下地整顿领导和由下而上地检查工作相结合，有针对性地克服上级机关的官僚主义和中下级机关的命令主义，纠正干部、党员中的居功自傲情绪和“革命到头”思想，加强了党同人民群众的联系。

1950 年的整风运动，历时半年多（解决党内思想不纯和组织不纯等问题的整党运动则是在后来的 1951 年 3 月召开的第一次全国组织工作会议和 1952 年“三反”运动中开展的)。这次整风运动，尽管时间不长，但却是在扩大党的组织基础和党员队伍，适应工作重心从农村转移到城市的重大转变的历史关头，密切结合民主改革和恢复生产的各项工作进行的，使党和人民的血肉联系在新的历史条件下得到巩固和加强，党的决定得到各界群众的拥护和支持，党在群众中的威信空前提高。不仅为在广大新区进行土地改革做好了组织上和思想上的准备，同时也为中国共产党如何在全国执好政，提高执政能力和执政水平迈出重要一步。

20 世纪 60 年代初，当时国内经济形势十分严峻，“大跃进”造成的不切实际的高指标使得经济全面紧张。“浮夸风”“共产风”搞乱了人们的思想，干部的作风严重脱离实际。错误的发生，在毛泽东看来，直接源于思想方法上的主观主义和片面性，党内同志的调查研究工作不做了，只凭想象和估计办事。鉴于几年来干部队伍中存在严重作风不纯的情况，1961 年 1 月 9 日，毛泽东要胡乔木仿照红军“三大纪律、八项注意”，制定一个适用于干部的“三大纪律、八项注意”。胡乔木起草了草案，毛泽东改写后于 27 日正式下发。“三大纪律”是：①一切从实际出发；②正确执行党的政策；③实行民主集中制。毛泽东解释第一条时说，我们干部的作风问题，主要是不从实际出发，工作中主观主义很多，要整主观主义。“八项注意”是：①同劳动同食堂；②待人和气；③办事公道；④买卖公平；⑤如实反映情况；⑥提高政治水平；⑦工作要同群众商量；⑧没有调查没有发言权。其中，“没有调查没有发言权”是毛泽东加上的。他说，要强调调查研究。现在调查之风不盛行了，对很多问题发言权没有了，言也发了，就是没有调查。其实，调查材料不在多，一个好的材料就可以使我们了解问题的实质。调查材料搞了一大堆，会使人陷入材料的海洋而不能自拔。毛泽东号召全党大兴调查研究之风，一切从实际出发，要求 1961 年成为“实事求是年”“调查研究年”。

毛泽东等党中央领导人身体力行组织调查组或亲自深入实际调查研究。中央和国务院各部门及各省、市、自治区党政负责人也都纷纷效法，深入到县、社、队了解实情。全党干部转变思想作风和工作作风，讲实话，办实事，着手解决最困难也是最现实的问题，有力地推动了党的经济政策的调整，国民经济在短短几年中得到恢复发展。

“文化大革命”开始后，党的建设面临十分严峻的局面，一方面，党组织严重不纯和党的优良作风遭到严重削弱，长期以来形成的优良传统、好的作风，被“林彪、江青反革命集团”破坏殆尽。另一方面，在这一时期新入党的 1000 多万党员之中许多人“派性”严重，甚至不知“党性”为何物，连“文化大革命”前入党党员的党性也不同程度地遭到损害。进入改革开放新时期，由于国门开放，资产阶级的腐朽思想和生活方式等消极因素不可避免地随之而入，封建传统中的糟粕也有所抬头。部分党员、干部，甚至还有一些老党员、老干部，也很快出现了这样那样的问题。有的走私贩私、造假售假、诈骗、收受贿赂、炒买炒卖外汇，跌进了经济犯罪的泥淖；有的贪图享乐，丧失了国格人格；有的以权谋私，或为谋取个人或小团体利益不惜损害国家利益；有的大吃大喝，用公款请客送礼；甚至有些党员干部、党政机关目无党纪，有令不行，有禁不止；等等。所有这些，都严重地影响了改革开放的正常进行。

在改革开放的重要关头，为适应新形势，实现对社会主义现代化建设的领导，中国共产党迎难而上，进行了一系列整顿，把“维护党规党法，整顿党风”确定为整党工作的指导方针和基本任务，先后制定了《关于党内政治生活的若干准则》《中共中央纪律检查委员会关于工作任务、职权范围、机构设置的规定》等党规党法，对一批党员领导干部违纪进行了认真的查处。1980 年 11 月，在中央纪委召开的第三次贯彻《准则》座谈会上，陈云同志提出了“执政党的党风问题是有关党的生死存亡的问题”的著名论断。这是总结我们党执政 30 年和其他各国执政党经验教训基础上提出的经典性的政治论断和理论论断。这一论断，抓住党风问题的本质，得到了邓小平的赞同，他说：“我赞成陈云同志讲的，执政党的党风问题是有关党的生死存亡问题。”此后，这一政治论断就作为中国共产党加强执政党作风建设的指导方针。邓小平还就党的高级干部待遇问题、子女问题、特权问题专门发表讲话，旗帜鲜明地提出高级干部要以身作则，力戒高高在上、脱离群众的不正之风，始终保持共产党员的本色。

这次整顿，使在“文化大革命”中遭到严重破坏的党风逐步好转，党的优良传统得到恢复和发扬。紧紧抓住党风问题，恢复和发扬党内民主和党的实事求是、群众路线、批评和自我批评三大优良作风，并把这种风气扩大到全党、全军和全国各族人民中去，对于实现党的工作重心转移，实现国内安定团结，乃至于保证改革开放沿着正确的航向前进，使党真正肩负起使命，都具有极其重要的意义，也为搞好新时期党的作风建设提供了强大的思想理论武器和历史鉴证。

新世纪，我国已进入全面建设小康社会、加快推进社会主义现代化的新的发展阶段。新阶段国际环境发生重大变化，随着冷战结束、经济发展和科技进步，世界多极化和经济全球化曲折发展，综合国力竞争日趋激烈，各种矛盾错综复杂，不同思潮相互激荡。随着改革开放的深入和社会主义市场经济的发展，国内环境也发生重大变化，社会经济成分、组织形式、就业方式、利益关系和分配方式日益多样化，新事物新问题层出不穷。国际国内情况的变化，使党的队伍状况相应发生重大变化，新党员大幅度增加，干部队伍新老交替不断进行，一大批年轻干部走上领导岗位。党面临着新挑战和新考验。

围绕提高党的领导水平和执政水平、提高拒腐防变和抵御风险能力这两大历史性课题，围绕全面推进党的建设新的伟大工程的迫切需要，2001 年 9 月，中共十五届六中全会审议并通过了《中共中央关于加强和改进党的作风建设的决定》。《决定》的主旨是给党的作风建设注入新的活力，党的精神面貌焕然一新。

核心问题是保持党同人民群众的血肉联系。当前和今后一个时期，要抓住重点，集中解决党的思想作风、学风、工作作风、领导作风和干部生活作风方面的突出问题。主要任务是：坚持解放思想、实事求是，反对因循守旧、不思进取；坚持理论联系实际，反对照抄照搬、本本主义；坚持密切联系群众，反对形式主义、官僚主义；坚持民主集中制原则，反对独断专行、软弱涣散；坚持党的纪律，反对自由主义；坚持清正廉洁，反对以权谋私；坚持艰苦奋斗，反对享乐主义；坚持任人唯贤，反对用人上的不正之风。全面贯彻这“八个坚持、八个反对”，进一步开拓创新、知难而进，关心群众、真抓实干，艰苦奋斗、拒腐防变，使党的作风有新的明显进步，使党群关系和干群关系有新的明显改善，使广大群众看到实效，增强信心。这样，党就能在世界形势深刻变化的历史进程中始终走在时代前列，在应对国内外各种风险考验的历史进程中始终成为全国人民的主心骨，在建设中国特色社会主义的历史进程中始终成为坚强的领导核心。

十五届六中全会的《决定》是在进行了深入的研究的基础上提出这些要求的。它深刻地认识到，加强和改进党的作风建设，努力端正党风，纯洁政风，既是一项长期而艰巨的任务，又是一项现实而紧迫的工作。必须把总体要求同阶段性目标结合起来。

马克思主义执政党的最大危险，就是脱离群众。人民群众是我们党的力量源泉和胜利之本。失去了人民群众的拥护和支持，党的事业和一切工作就无从谈起。党要经受住长期执政、改革开放和发展社会主义市场经济的考验，就必须始终密切联系群众。在任何时候任何情况下，与人民群众同呼吸共命运的立场不能变，全心全意为人民服务的宗旨不能忘，坚信群众是真正英雄的历史唯物主义观点不能丢。

在新时期新阶段如何做到密切联系群众？最重要的是要体察民情，了解民意，集中民智，珍惜民力，诚心诚意为群众谋利益。体察民情，就要求各级干部要倾听群众呼声，关心群众疾苦，把群众的安危冷暖时刻放在心上，维护人民群众的经济、政治、文化权益，努力为群众办实事。对那些在工作和生活中遇到困难的群众，要格外关注，重点帮助。要深入基层，加强工作指导，善于在新的条件下做好群众工作。要到工作形势好的地方去总结经验，更要到问题较多、矛盾尖锐的地方去同干部群众一起解决问题。要引导和支持先富地区先富群众进一步发展，更要关心和帮助贫困地区贫困群众脱贫致富。要锐意改革，大胆进取，又要注意使改革的力度、发展的速度同人民群众的承受程度相适应。要宣传教育群众，更要学习人民的高尚品格和聪明才智。深入群众要讲求实效，不要增加基层和群众的负担，坚决反对搞花架子。

坚持党的群众路线，密切联系群众，必须坚决克服形式主义、官僚主义。这二者是相辅相成的关系。形式主义的要害是贪图虚名，不务实效，劳民伤财。官僚主义的要害是脱离群众，脱离实际，做官当老爷。官僚主义引发形式主义，形式主义助长官僚主义。实践证明，形式主义和官僚主义已经成为影响我们事业发展的一大祸害。党员干部要增强事业心和责任心，坚持科学态度和求实精神，兢兢业业地做好工作。年轻干部尤其要在实践中经受考验，把精力用在勤勤恳恳为人民服务上。要埋头苦干，扎实工作，坚持讲真话、报实情，力戒浮躁浮夸。要把抓落实作为推进各项工作的关键环节，把中央的决策和部署变为各级党组织和广大群众的实际行动。反对搞华而不实和脱离实际的“形象工程”“政绩工程”。

《决定》提出要健全联系群众的制度，拓宽反映社情民意的渠道。党政领导机关要坚持群众接待日制度，领导干部要亲自处理来信来访。坚持领导机关干部到基层特别是贫困地区锻炼和帮助工作的制度。通过深化改革，进一步解决因机构重叠、职能交叉而造成的推诿扯皮、效率低下等问题，提高直接面对群众的基层单位和各级领导机关的服务质量。

《决定》还提出建立和完善科学的考核标准，正确认识和评价干部政绩。坚决刹住弄虚作假、欺上瞒下、追名逐利的歪风。涉及群众切身利益的决策，要充分听取群众意见。不准向下级提出不切实际的要求，不准强迫命令，严禁欺压百姓，切实解决作风粗暴、办事不公的问题。

十五届六中全会的《决定》连同在此前一年提出的“三个代表”重要思想，使全体党员和干部经受了一次党的宗旨教育和党的作风教育，从而成功实现了把我们富有战斗力的党和我们充满活力的国家带入21世纪的目标，紧紧抓住新世纪头20年的战略机遇期，推动我们的改革开放事业不断深入发展。

从上述举例不难看出，执政的中国共产党每到一个历史节点就要整顿党的作风，几次大的整顿作风都是成功的，都使党以更好的思想作风、更佳的精神状态、更强的战斗力应对各种挑战，这已经成为一个党的执政规律。同时，整顿和转变党风又是党建的成功经验。这个经验包括：首先是中央带头，从领导做起，顶层设计，上行下效，全党动员，上下互动。其次，有针对性。整顿作风也好，转变作风也罢，都不是一句空话，都和解决问题相联系，作风转变了，问题也解决了。再次，切中时弊。每次整顿作风所要解决的问题是不同的，都是在当时历史条件下产生出来的，选准问题，迎刃而解，既克服了困难，又有所前进。最后，整顿作风不是目的，是手段。通过整顿作风牢记党的宗旨，即全心全意为人民服务，一刻也不脱离群众，密切联系群众，为人民群众谋利益，与人民群众同呼吸共命运。所以，整顿作风，转变作风都受到老百姓的欢迎和拍手称快，都是得民心之举。

（三）可贵的是从自身做起

“八项规定”讲的是党的作风问题，新一届中央从作风抓起，确实出手不凡。作风似乎看不见摸不着，但又时时让人有所觉察，看是虚，实则实。战争年代，我们的军队之所以能战胜强大的敌人，那种同老百姓鱼水难分的关系是一大法宝。不要小看我们的战士每到一处就给房东大娘挑水扫院子，这种作风透着人民与子弟兵的亲密情谊。正是这种情谊，老百姓才能豁出性命掩护战士，才能用乳汁喂养伤病员。所谓得民心者，即谓此也。所以说作风关乎得失成败一点也不为过。但是，相当一段时间以来，在一些党员干部中，作风方面存在较为突出的问题，不思进取、得过且过，漠视群众、脱离实际，形式主义、官僚主义，弄虚作假、虚报浮夸，铺张浪费、贪图享受，高高在上、盛气凌人，以权谋私、骄奢淫逸……与共产党员的宗旨相距甚远。针对人民群众长期反映强烈的问题的整顿，展示了新一届中央领导集体的执政新姿态，是聚党心得民心之举。党风正则人心齐，人心齐则事业兴。

规定要求“抓作风建设，首先要从中央政治局做起，要求别人做到的自己先要做到，要求别人不做的自己坚决不做，以良好党风带动政风民风，真正赢得群众信任和拥护”。这是中央领导集体自觉把自己摆进去，不是居高临下，指挥别人该做什么、不该做什么，而是在全党率先垂范，起表率和带头作用。“八项规定”所针对的是不务实的虚浮风气，脱离群众的官僚主义，叠床架屋的文牍现象，欺上瞒下的形式主义，文山会海人浮于事，空话套话的庸俗会风，出镜剪彩争名夺利，警察开道衙门作风等令百姓头疼痛恶的败坏社会风气的现象，倡导的是“空谈误国，实干兴邦”“打铁还需自身硬”。强调改进工作作风、密切联系群众，关系党和人民事业成败。领导干部特别是高级干部作风如何，对党风政风乃至整个社会风气具有重要影响。既遵循了执政党建设的规律，又在新的历史条件下，对以往党的建设的成功经验有所发展、有所前进，表明新一届中央领导新的执政风格和新的执政理念。这股清新的风气一定能助中华民族实现全面小康，完成复兴伟业，托举伟大中国梦。

“改进工作作风，密切联系群众”，是党的建设的重要组成部分，也是我们党长期坚持的优良传统。历史上类似的规定很多，短期性的要求也不少，为什么这次的规定特别值得关注？

因为这次的规定直截了当、明确具体、简明扼要，既有很强的针对性，又有很具体的操作性，容易被干部接受和执行，便于民众和舆论适时监督。不是那种比较原则、比较笼统、比较空泛的要求，没有空话、套话、大话，没有所谓的弹性，不会被一些人钻空子、找借口。中央政治局这种注重细节、强调实效的工作作风是新颖的，更是受到赞许的。

2013 年 6 月 22 日至 25 日，中共中央政治局召开专门会议，共安排六个半天时间，完成了三项议程：听取中央“八项规定”贯彻执行情况和对中央政治局加强作风建设征求意见情况的汇报，中央政治局的同志发言、对照检查自己落实中央“八项规定”的情况，讨论研究加强作风建设的措施和制度。

会议认为，中央政治局发挥领导作用的一项基本要求，就在于要求别人做到的自己首先做到，要求别人不做的自己绝对不做。抓改进作风，必须从中央政治局抓起。中央“八项规定”出台以来，中央政治局的同志自觉、认真、坚持贯彻执行，在改进调查研究、精简会议活动、精简文件简报、规范出访活动、改进警卫工作、改进新闻报道、严格文稿发表、厉行勤俭节约等方面取得积极成效。各地区各部门各单位高度重视，迅速做出部署，在建章立制、解决突出问题、加强监督检查等方面做了大量工作。军队和武警部队迅速行动。这些工作，有力增强了广大党员、干部的宗旨意识和群众观点，有效遏制了迎来送往、文山会海、铺张浪费等不良现象，促进了党风政风转变，带动了社会风气好转，提高了党在人民群众中的威信，激发了广大干部群众的积极性和主动性，为开展教育实践活动打下了重要思想和工作基础。

会议指出，进一步落实中央“八项规定”精神，要同反对形式主义、官僚主义、享乐主义和奢靡之风这“四风”紧密结合起来。作风问题是腐败的温床。要从思想教育入手，深刻剖析产生“四风”的思想根源，解决好世界观、人生观、价值观这个“总开关”问题。要结合实际，找准“四风”的具体表现，突出重点加紧整改，尽快取得实效。尤其要着力改进学风文风会风，着力控制“三公”经费支出，着力整治跑官要官等选人用人上的不正之风，着力解决吃拿卡要问题，着力解决接受会员卡、商业预付卡问题，着力解决“形象工程”“政绩工程”和各种节庆、论坛、招商会、国际性会议泛滥等问题，着力制止滥建楼堂馆所问题。要统筹制定领导干部办公用房、住房、配车、秘书配备、公务接待、警卫、福利、休假等工作生活待遇标准，落实不赠送、不接受礼品的规定，切实解决违反规定和超标准享受待遇的各种问题。要深化财政体制、审批体制、决策机制等方面的改革创新。要加强宣传引导，营造良好舆论氛围。

会议要求中央政治局的同志要带头严格遵守，各地、各部门要自觉执行有关规定，不打折扣、不搞变通，严肃查处违规行为，用实际行动维护制度的权威性。

年中的这次会议，树立了中央政治局带头执行“八项规定”的形象，也为“八项规定”的贯彻落实又加了一把柴。

（四）持之以恒和抓大不放小

“八项规定”所展示的工作作风和施政能力大大超出了社会公众的期待，产生了立竿见影的效果。

——“八项规定”提出，减少交通管制，一般情况下不得封路、不清场闭馆。警灯闪烁，警笛长鸣，警车开道，领导出行的画面现在几乎看不到了。北京市的堵车闻名遐迩，首都成了人们口中的首“堵”。车辆多是一个原因，但频繁的交通管控使堵车火上浇油，尤其是在上下班高峰。越是高峰时段越是封路，三股车道只留一股通行，要空出两股道供专车使用，而专车有时不过三几辆而已。长时间堵在路边的车主们看着几辆车风驰电掣般呼啸而过时，心里能不产生怨言吗？但是变化就在不知不觉间。封路的次数大为减少，拥堵的车流中人为的因素减少了。不光在北京，据呼和浩特市民反映：“2013年后半年以来，我好像没碰着过警车开道的场面。以前，遇到重要会议或者活动，一上街总能遇到开道警车执行公务，特别霸道，尤其是通过扩音器放大的不文明用语更显得专横，市民心里特别反感。”

刚刚从机关部门退休的一位老同志说：“有时候外交礼仪和紧急事件中出动警车开道，也是一项正常职能。之所以引发老百姓的特殊关注，主要是过度花费和权力滥用，使正常职能变成了百姓看不惯甚至反感的特权。不管什么级别的领导，动辄封路戒严，出动几十万元的警车开道，大有古时用‘回避’‘肃静’大牌开道出行的官老爷派头。滥用职权让自己威风了，满足了权欲，影响了群众出行，造成了强烈的地位对比，这正是老百姓对警车开道敏感厌恶的根源。”

——“文如山，会如海，领导干部忙剪彩”，在对政府提高行政效率的呼声中，各种大大小小名目繁多的会议，无论是官方还是民间，都引来抱怨不少。“八项规定”以来，“开短会、讲短话，力戒空话、套话；没有实质内容、可发可不发的文件、简报一律不发”。这是对文山会海，烦冗缛节“沉疴顽疾”的一剂“猛药”，让讲真话、说实话、重实干蔚然成风，从规定中品味到务实之风。从上到下，从机关到基层，从安排酒店到车辆使用，老百姓可以发现身边的变化。

——一网友发微信说，自中央出台“八项规定”以来，公款吃喝得到遏制，各大宾馆、酒楼生意顿减。新政倡导勤俭节约之风，严查官员大吃大喝，生活腐化。一些昔日觥筹交错的大饭店如今也门前冷落。据食品行业业内预计，2013 年与 2012 年相比，高端餐饮降幅近 30%，中端餐饮降幅约 20%，大众餐饮降幅也在 10%到 15%，唯有大排档一类的非主流餐饮业态不降反升。

——干部减少了应酬，有的地方各农贸市场也能看到官员的身影了。一位机关干部说：以前我常奔波于各种应酬中，八点出门晚上九点回家，推开儿子房门亲一下熟睡的他，歉意地看着还在备课的爱人，然后匆忙洗漱。现在我下班回家，给老妈帮帮厨，看儿子做作业，饭后率全家在小区走几圈。干部普遍反映原先凸起的肚子瘦了下来，肠胃也更健康了。

一年来，人们能够清晰地看到中央磨砺作风之剑的坚定步伐：

3 月 18 日，国务院机关事务管理局、中共中央直属机关事务管理局、财政部、审计署、国家工商总局联合发出通知，严禁中央和国家机关使用“特供”“专供”以及“专用”“内招”“特制”“特酿”“特需”“订制”“授权”“指定”“合作”“接待”等标识。

5月27日，全国纪检监察系统开展会员卡专项清退活动，要求做到“零持有、零报告”。

7月23日，中办、国办印发《关于党政机关停止新建楼堂馆所和清理办公用房的通知》，要求各级党政机关五年内一律不得以任何形式和理由新建楼堂馆所，全面清理党政机关和领导干部办公用房。

8月1日，财政部发出通知，2015年全国所有市县公开“三公”经费。

8月13日，中宣部、财政部、文化部、审计署、国家新闻出版广电总局联合发出通知，要求制止豪华铺张、提倡节俭办晚会和节庆演出。

8月21日，中央纪委常委会议作出部署，铁面执纪，纠正“四风”。

9月3日，中共中央纪委和中央党的群众路线教育实践活动领导小组发出《关于落实中央“八项规定”精神 坚决刹住中秋国庆期间公款送礼等不正之风的通知》，要求坚决刹住中秋国庆期间公款送礼等不正之风。

9月13日，财政部、国家机关事务管理局、中共中央直属机关事务管理局9月13日印发修订后的《中央和国家机关会议费管理办法》，狠刹会议费支出。新办法适用于所有中央和国家机关以及中央事业单位，会议费开支范围包括会议住宿费、伙食费、会议室租金、交通费等方面。

10月31日，中央纪委发出《关于严禁公款购买印制寄送贺年卡等物品的通知》。

11月21日，小雪节气的前一天，中央纪委下发《关于严禁元旦春节期间公款购买赠送烟花爆竹等年货节礼的通知》。《通知》要求，各级党政机关、人民团体、国有企事业单位和金融机构，严禁用公款购买赠送烟花爆竹、烟酒、花卉、食品等年货节礼（慰问困难群众职工不在此限）。要严肃财经纪律，强化审计监督，相关费用不准转嫁摊派，一律不予公款报销。继中秋、国庆之后，中央纪委再次于节日前早打招呼、早提要求，以及时刹住不正之风。

11月25日，中共中央、国务院印发《党政机关厉行节约反对浪费条例》。《条例》对党政机关经费管理、国内差旅、因公临时出国（境）、公务接待、公务用车、会议活动、办公用房、资源节约作出全面规范，是党政机关做好节约工作、防止浪费行为的总依据和总遵循，是党的群众路线教育实践活动建章立制的重要成果，是落实党的十八届三中全会精神的重大举措，对从源头上狠刹奢侈浪费之风具有重要意义。

12月9日，公布印发中共中央办公厅、国务院办公厅《党政机关国内公务接待管理规定》。《规定》明确：所称国内公务是指出席会议、考察调研、执行任务、学习交流、检查指导、请示汇报工作等公务活动。接待原则是：有利公务、务实节俭、严格标准、简化礼仪、高效透明、尊重少数民族风俗习惯。《规定》对接待活动食、宿、行、迎送及警卫、预算和报销等关键环节提出了明确要求，包括严控接待范围、简化接待礼仪、限制接待住宿房型、从严控制接待用餐的次数和陪餐人数、规范警卫安排等。

12 月 29 日，中共中央办公厅、国务院办公厅发布《关于领导干部带头在公共场所禁烟有关事项的通知》，要求领导干部带头在公共场所禁烟，各级党政机关公务活动中严禁吸烟，严禁使用或变相使用公款支付烟草消费开支。

政治学家威尔逊和犯罪学家凯琳提出了一个“破窗效应”（Break Pane Law）理论，是关于环境对人们心理造成暗示性或诱导性影响的一种认识。该理论是指：如果有人打坏了一幢建筑物的窗户玻璃，而这扇窗户又得不到及时的维修，别人就可能受到某些暗示性的纵容去打烂更多的窗户。发现问题就要及时矫正和补救。一扇窗户被打破，如果没有修复，将会导致更多的窗户被打破，甚至整栋楼被废弃、被损毁。破解破窗效应难题，往往是先从修复破损窗户开始的。国外有如此案例。比如 20 世纪 70 年代，纽约的地铁站治安混乱，打砸抢、开枪杀人等各种刑事犯罪十分猖獗。纽约市交通警察局长布拉顿受到了“破窗理论”的启发，号召所有的交警认真推进有关“生活质量”的法律，他以“破窗理论”为师，虽然地铁站的重大刑案不断增加，他却全力打击逃票。结果发现，每七名逃票者中，就有一名是通缉犯；每二十名逃票者中，就有一名携带凶器。结果，从抓逃票开始，地铁站的犯罪率竟然下降了，治安大幅好转。

小处着手，破解“破窗效应”难题；由表入里，医治顽重病症，这是中央反腐这一年一系列举措的一大特点。紧盯关键节点步步推进，以解决突出问题，带动作风转变，中共一系列具体措施无不体现出其对官员的约束力愈发细化和严格。中央正努力营造风清气正的干部队伍，以实际行动取信于民。中央通过正式文件通知的形式发布领导干部带头在公共场所禁烟的规定，实属罕见，可见中央力推控烟的决心有多大，再次表明中央要以优良党风带动社风民风，营造风清气正的社会环境。

办公室调整，这是一个非常小的细节。

国家对各级干部办公室面积早有标准，但办公面积超标现象常年存在。2013 年 7 月 23 日，中共中央办公厅要求限期清理超标办公房。作为反腐整治的一部分，这些细微而具体的要求，自 2012 年中央政治局颁布“八项规定”以来，不断出现。

党的十八大以来，中央的抓作风建设工作令人耳目一新。一方面，坚持“老虎”“苍蝇”一起打；另一方面，制度的笼子越扎越实，从“八项规定”到“六项禁令”，从反“四风”到倡节俭，做到动真碰硬，狠抓具体，常抓不懈。

紧盯关键节点步步推进，一个“标”一个“标”地治理，积小胜为大胜，以解决突出问题带动作风的全面好转。

抓大不放小，治标为治本，传递出作风建设工作的新思路。以作风建设为重要切入点，不断加大治标力度，就是要为治本赢得时间。

作风建设步入常态化。这是一份不断更新的数字，也是一份不断创新的作风建设“成绩单”——

截至2013年10月7日，中央纪委收到中秋、国庆期间公款送礼等不正之风举报917件，由有关地区和部门严肃查处。

中纪委网站称，截至2013年10月31日，各地查处违反中央“八项规定”精神的问题共1.7万余起，处理1.99万人。

11月18日，中央纪委监察部发布数据，各省区市已查处违反中央“八项规定”精神问题1.4万余起，处理16699人，给予党政纪处分3721人。

据中纪委统计，自2012年12月4日“八项规定”实施到2013年底，全国共有30420名领导干部因违反“八项规定”被处理。其中，省部级一人[①]，乡科级达28802名，占比94.68%。看来，基层违反“八项规定”的问题远比想象的严重。

（五）地方案例

◎案例一，安徽省。

中纪委网站称，2013年，安徽全省共查处违反中央“八项规定”精神和省委“三十条规定”问题478起，处理698人，其中给予党纪政纪处分224人。

以省委、省政府和省两办名义召开的全省性会议同比减少40%、36%；以省委、省政府和省两办名义下发文件同比减少37%、34.8%；全省“三公经费”支出同比下降17.8%；考核

① 付晓光因私公款消费，大量饮酒并造成陪酒人员“一死一伤”的严重后果，经中央纪委常委会研究并报中央批准，给予付晓光留党察看一年处分，按程序免去其黑龙江省政府亚布力度假区领导小组常务副组长职务，由副省级降为正局级。

评比表彰更加规范，全省共保留98项奖励项目……自中央“八项规定”颁布以来，安徽各级纪检监察机关紧扣中央和省委要求，紧密联系当地实际，认真履行监督责任，坚决纠正“四风”，切实推动中央“八项规定”精神贯彻落实，取得了较为明显的阶段性成效。通过问卷调查显示，全省各级干部和基层群众对全省执行中央“八项规定”情况总体满意度达95.7%，表示对中央“八项规定”长期执行有信心的达97.3%，认为中央“八项规定”执行后身边的党员干部工作作风有改进的达99.7%。

工作中，安徽省紧盯重要时间节点和关键环节立规，注重突出规矩导向，认真完善规章制度。省纪委先后印发了《关于认真贯彻落实中央加强廉洁自律制止铺张浪费有关要求的紧急通知》《关于坚决刹住中秋国庆期间公款请客送礼等不正之风的通知》和《关于加强监督检查严禁用公款购买印制寄送贺年卡等物品的通知》，并及时转发了中央纪委相关文件，提出了明确的禁止性要求，规范了党政机关和领导干部的行为举止，确保重要节日期间风清气正。

针对群众反映的突出问题，认真开展专项治理，回应群众关切。2012年，全省各级纪检监察机关深入开展了五项专项治理。

在清理干部违规建房和多占住房方面，针对省委巡视组反映的问题，按照省委、省政府统一部署，自2012年3月份以来，在全省党员干部中开展了多占住房和违规建房问题专项清理。全省1035775名干部填报了308708套房地产信息。对于发现的违规问题纠正处理。

在清理干部及其子女、亲属违规经商办企业方面，根据省委党的群众路线教育实践活动领导小组安排，去年全省统一部署开展了党员领导干部违规经商办企业专项清理，共有113288名党员领导干部参加登记报告，经过认真核实，确认198名干部或其家属、子女存在违规经商办企业问题，已全部纠正到位。

在清理干部违规收受会员卡方面，2012年6月份，根据中央纪委统一部署，开展了纪检监察系统会员卡清退工作，全省共有21837名纪检监察干部（职工）参加清退活动，并作出“零持有”报告。7月份，经省委、省政府同意，在全省党政机关开展了会员卡专项清退活动，全省共有1050749名干部（不含纪检监察干部）参加清退活动，并作出“零持有”报告。

在清理党政机关超标准办公用房方面，省纪委会同省发改委、省财政厅、省国土厅、省住建厅、省审计厅、省房管局等有关单位，开展了党政机关停止新建楼堂馆所和清理办公用房专项检查。28个已批未开工项目已全部停建，领导干部超面积配备使用的办公室也将按时整改到位。

在清理行业不正之风问题方面，共组织开展了纠正涉及民生的政府专项资金管理和使用中的突出问题、涉农领域侵害群众利益问题、违法违规征地拆迁问题、教育乱收费问题、政府部门中公职人员“吃空饷”问题、食品药品领域侵害群众利益问题、金融系统侵害群众利益问题、电信系统侵害群众利益问题等11个专项治理，全省共查处不正之风问题1.1万个，涉及金额 1.3 亿元，给予党纪政纪处分和其他处理 599 人。

为防止问题反弹、纠而复生，该省加大监督检查力度，在建立落实中央“八项规定”精神和省委三十条规定情况月报制度的同时，加强日常监督，加大舆论监督力度。2013 年 12 月，省纪委监察厅对安徽纪检监察网全面改版升级，面向全省开通监督举报渠道。同时，加大了巡视监督力度，省委巡视组把各地各部门贯彻落实中央“八项规定”精神作为巡视的重要内容，及时发现日常难以发现的深层次问题。为充分发挥查处案件的惩戒作用，安徽省坚决查处违纪违规问题。仅 2012 年，全省共查处违反中央“八项规定”精神和省委三十条规定问题 478 起，处理 698 人，其中给予党纪政纪处分 224 人。省纪委还先后直接查处了颍上县国土资源局干部工作日接受服务对象宴请致人意外死亡、怀远县部分县直部门违规超标准新建办公楼等一批案件，并分三批对违反中央“八项规定”精神的 13 起典型案例进行公开曝光，有效遏制了群众反映强烈的“四风”问题滋生蔓延，为营造一个风清气正的社会环境提供了坚强的纪律保障。

◎案例二，张家界市。

2013 年，全市各级纪检监察机关和作风建设机构明察暗访 101 次，问责处理干部 143 人，诫勉谈话、通报批评 117 人，其中免职 22 人。1/3 是因为上班时间上网、看股票、上淘宝、玩 QQ 游戏或看电影。

在这些被免职人员中，有一个是慈利县委办副主任兼接待办主任，他被免职的原因是违规给自己小孩大办酒宴。在这里，大办喜庆酒席已经成了一种敛财方式。有些人家盖了个杂屋，大办酒席；庆祝换肾十五周年，也大办酒席。慈利县委办副主任被免职，曾让一些领导纠结不已，“不免吧，确实违背中央精神；免吧，一个干部的成长又很不容易，就因这个小事失去了奋斗多年的职务”。最后，市委还是决定免掉其职务：“我们纵容一次，以后就说不起话了。”2013 年是张家界狠刹城乡违规大办酒席之风年。

为了贯彻中央反腐精神，2013 年 2 月，张家界根据自身特点，制定了“六个一律免职”规定——利用工作之便“索拿卡要”的，参与赌博的，上班时间参与打牌、下棋、打麻将及其他休闲娱乐活动的，违规操办喜庆事宜的，违规建设私房、买卖土地的，违规从事营利活动的一律免职。

这次处理产生了很好的震慑效果。大家都变得很自觉，不再敢以身试法。而且，还给普通群众省下了一年 2 万多元的人情钱。

这种“一律免职”的“铁律”，在湖南全省也有另外两个市在推行。在郴州是“五个一律免职”，在永州则是“六个一律处理”。内容大致相同。

实际上，党的十八大后，习近平提出加强党风廉政建设，“形式主义、官僚主义、享乐主义和奢靡之风违背我们党的性质和宗旨，是当前群众深恶痛绝、反映最强烈的问题”，地方政府反响强烈，“一律免职”等政策应运而生，聚焦“四风”成为议事要题。

（六）仍然任重道远

常态化意味着作风建设不是一阵风，而是持久战，要做到踏石留印，抓铁有痕。不良风气积习甚深，改起来不可能毕其功于一役。要将重要时间节点连成线，一抓到底，久久为功，防止虎头蛇尾，采取严厉手段，让违规者消除侥幸心理，控制公权力滥用，保障全体人民的合法权益。

2014 年 4 月 14 日，中纪委监察部网站通报了各地纪检监察机关从 4 月 8 日至 11 日查处的 220 件违反中央“八项规定”精神典型案件。

盘点被通报的 220 起案件发现，公款吃喝、公款旅游、公车私用、大办宴席、违规发放财物仍是违反“八项规定”的重灾区。其中包括曾备受媒体关注的河南襄城县王洛镇政府三年间给猪蹄店打数百张接待费白条一案。

4 月 8 日，中央纪委监察部网站开通纠正“四风”监督举报直通车，“直通车”设置三个栏目。其中两个栏目直接对接公众：“四风”问题举报窗专栏，供公众直接举报违反“八项规定”精神的问题；晒晒“四风”隐身衣专栏，供公众揭露隐形“四风”问题，如公款购买和收受电子礼品卡等，并邀请公众建言献策。

最后一个栏目相当于曝光台，汇总各地区各部门查处的违反“八项规定”精神的案件，每周点名道姓公开曝光。

两周内共通报 403 起违反中央“八项规定”精神典型案件。2014 年 3 月 9 日至 11 日，海南省白沙黎族自治县公安局荣邦派出所所长符国坤在参加政法系统培训班学习期间，违反相关规定，酗酒滋事，引起围观，影响恶劣；2014 年 1 月 14 日下午，湖北省黄冈市团风县规划局党组成员、工会主席赵震与社会人员在黄州城区某酒店棋牌室“带彩”打麻将；山东省济宁市汶上县疾控中心检验科科长胡克雨违反工作日午间禁酒制度，汶上县纪委给予其党内警告处分……“违反中央“八项规定”精神案件每周通报”专栏已公布各级纪检监察机关查处的违反“八项规定”精神的案件 183 件。

脱掉违纪违法人员“隐身衣”，通报一律点名道姓。2014 年 2 月 1 日下午，湖北鄂州市西山街道办事处小桥村村委会主任殷永艺违规使用本村公车送朋友回家，鄂州市西山街道党工委给予殷永艺党内警告处分；2014 年 1 月 10 日，贵州省六盘水市钟山区道路运输局驾培科职工王红在上班时间浏览淘宝网站的帖子，被办事群众拍成视频发到网上，造成不良社会影响，王红被予以行政记过处分，并待岗 3 个月。以上是记者在情况通报中随机挑选的两个典型案件。值得注意的是，通报曝光的内容较为详细，包括了违纪人员姓名、单位、职务职级、主要违纪事实和处理结果。通报点名道姓所涉及的内容都是与违法违纪人员公务有关的信息，不涉及个人隐私。

公车私用、公款旅游、大办宴席、违规发放财物等较为突出。梳理 2014 年 4 月 14 日通报的 220 起典型案件，发现违反“八项规定”精神典型案件大部分集中在公车私用、公款旅游、大办婚丧喜庆、违反工作纪律、收送节礼、滥发财物等方面。公车私用情况较为突出。在 220 件违反中央“八项规定”精神典型案件中，公车私用案件有 40 多起。安徽省淮南市谢家集区望峰岗镇刘岗村党支部书记、村委会主任刘传照违规使用公车祭祖；2013 年 9 月 30 日下班后，江苏省无锡市北塘区黄巷街道前村社区党总支副书记、主任金国刚将社区公务用车开回家……另外，记者注意到，江苏通报的 9 起典型案件中，有 3 起是公车私用案件。公款旅游现象仍然存在。在北京市通报的 5 起违反中央“八项规定”精神典型案件中，有两起是公款旅游案件。分别为 2013 年 9 月 10 日至 15 日，石景山区经济信息化委组织有关人员到杭州、宁波进行智慧城市建设考察，除累计时间为一天的公务活动外，其余时间到杭州、嘉兴、绍兴等旅游景点进行参观游览，共计消费 106597 元；2013 年 8 月，西城区环卫中心副主任刘丕远带队赴新疆参加改革研讨会，会后刘丕远等人由乌鲁木齐当地环卫部门带领参观喀纳斯湖等地，费用由对方承担。另外，安徽通报的五起违反中央“八项规定”精神典型案件中，也有两起是公款旅游案件。

十余人因上班时间玩游戏、看视频、擅离职守被处分。根据通报的典型案例，四川省广元市昭化区石井铺乡人大主席王作宇、贵州省六盘水市商务粮食局职工李寿军、甘肃临潭县经信局驻政务大厅干部金文俊、湖南株洲市荷塘区政务中心综合大厅文体新局窗口工作人员陈少游等十余人因为上班时间打游戏、打麻将、看视频、擅离职守被处分。

违规发放财物仍是重灾区。天津通报的五起典型案件中，有四起是违规发放财物案件。分别是南开区市容和园林管理委员会滥发奖金，市公安局公共交通治安管理总队公款旅游滥发实物，红桥区文化馆公款购买发放月饼，蓟县东施古镇中心校发放购物卡。[1]

二、党的群众路线教育实践活动

◎自我净化、自我完善、自我革新、自我提高

◎“照镜子、正衣冠、洗洗澡、治治病”

◎落实为民务实清廉要求

◎两手抓、两不误、两促进

◎成立中央党的群众路线教育实践活动领导小组

◎习近平专程到河北

◎批评和自我批评是解决党内矛盾的有力武器

◎扎紧约束权力的笼子

2013年4月19日，中共中央政治局召开会议，决定从2013年下半年开始，用一年左右时间，在全党自上而下分批开展党的群众路线教育实践活动。中央政治局带头开展党的群众路线教育实践活动。围绕保持党的先进性和纯洁性，在全党深入开展以为民务实清廉为主要内容的党的群众路线教育实践活动，着力解决人民群众反映强烈的突出问题，提高做好新形势下群众工作的能力。6月18日，习近平总书记在党的群众路线教育实践活动工作会议上发表重要讲话。他强调指出，群众路线是我们党的生命线和根本工作路线。开展党的群众路线教

① 《人民日报》2014年4月15日。

育实践活动，是实现党的十八大确定的奋斗目标的必然要求，是保持党的先进性和纯洁性，巩固党的执政基础和执政地位的必然要求，是解决群众反映强烈的突出问题的必然要求。中共中央并发布《关于在全党深入开展党的群众路线教育实践活动的意见》，全面部署教育实践活动。

（一）教育实践活动的宗旨

教育实践活动的指导思想是：高举中国特色社会主义伟大旗帜，坚持以马克思列宁主义、毛泽东思想、邓小平理论、“三个代表”重要思想、科学发展观为指导，紧紧围绕保持党的先进性和纯洁性，以为民务实清廉为主要内容，以县处级以上领导机关、领导班子和领导干部为重点，切实加强全体党员马克思主义群众观点和党的群众路线教育，把贯彻落实中央“八项规定”精神作为切入点，进一步突出作风建设，坚决反对形式主义、官僚主义、享乐主义和奢靡之风，着力解决人民群众反映强烈的突出问题，提高做好新形势下群众工作的能力，保持党同人民群众的血肉联系，发挥党密切联系群众的优势，为推动经济持续健康发展、全面建成小康社会、实现中华民族伟大复兴的中国梦提供坚强保证。

党的群众路线教育实践活动全过程，着眼于自我净化、自我完善、自我革新、自我提高，贯穿“照镜子、正衣冠、洗洗澡、治治病”的总要求。“照镜子”，主要是学习和对照党章，对照廉政准则，对照改进作风要求，对照群众期盼，对照先进典型，查找宗旨意识、工作作风、廉洁自律方面的差距。“正衣冠”，主要是按照为民务实清廉的要求，严明党的纪律特别是政治纪律，敢于触及思想，正视矛盾和问题，从自己做起，从现在改起，端正行为，维护良好形象。“洗洗澡”，主要是以整风精神开展批评和自我批评，深入分析出现形式主义、官僚主义、享乐主义和奢靡之风的原因，坚持自我净化、自我完善、自我革新、自我提高，既要解决实际问题，更要解决思想问题。“治治病”，主要是坚持惩前毖后、治病救人方针，区别情况、对症下药，对作风方面存在问题的党员、干部进行教育提醒，对问题严重的进行查处，对与民争利、损害群众利益的不正之风和突出问题进行专项治理。

教育实践活动的目标要求是：在全体党员中开展，重点抓好县处级以上领导机关、领导班子和领导干部；主要任务是教育引导党员、干部树立群众观点，弘扬优良作风，解决突出问题，保持清廉本色，使党员、干部思想进一步提高、作风进一步转变，党群干群关系进一步密切，为民务实清廉形象进一步树立。要坚持围绕中心、服务大局，全面贯彻落实党的十八大提出的各项任务要求，把作风建设放在突出位置，以作风建设的新成效凝聚起推动经济社会发展的强大力量。

落实为民务实清廉要求。为民，就是要坚持人民创造历史、人民是真正英雄，坚持以人为本、人民至上，坚持立党为公、执政为民，坚持一切为了群众、一切依靠群众，从群众中来、到群众中去。务实，就是要求真务实、真抓实干，发扬理论联系实际之风；坚持问政于民、问需于民、问计于民，发扬密切联系群众之风；谦虚谨慎、戒骄戒躁，厉行勤俭节约、反对铺张浪费，发扬艰苦奋斗之风。清廉，就是要自觉遵守党章，严格执行廉政准则，主动接受监督，自觉净化朋友圈、社交圈，带头约束自己的行为，增强反腐倡廉和拒腐防变自觉性，严格规范权力行使，把权力关进制度的笼子，坚决反对一切消极腐败现象，做到干部清正、政府清廉、政治清明。

要着力解决突出问题。主要是坚决反对形式主义，教育引导党员、干部端正学风，改进文风会风，在大是大非面前敢于担当、敢于坚持原则，真正把心思用在干事业上，把功夫下到察实情、出实招、办实事、求实效上；坚决反对官僚主义，教育引导党员、干部深入实际、深入基层、深入群众，接地气、通下情，坚持民主集中制，改进调查研究，虚心向群众学习，真心对群众负责，热心为群众服务，诚心接受群众监督；坚决反对享乐主义，教育引导党员、干部牢记“两个务必”，克己奉公，勤政廉政，保持昂扬向上、奋发有为的精神状态；坚决反对奢靡之风，教育引导党员、干部坚守节约光荣、浪费可耻的思想观念，狠刹挥霍享乐和骄奢淫逸的不良风气，做到艰苦朴素、精打细算，勤俭办一切事情。

牢牢把握基本原则。坚持正面教育为主，加强马克思主义群众观点和党的群众路线教育，加强党性党风党纪教育和道德品行教育，引导党员、干部坚定理想信念，增强公仆意识，讲党性、重品行、做表率，模范践行社会主义核心价值观，坚守共产党人精神追求。坚持批评和自我批评，开展积极健康的思想斗争，敢于揭短亮丑，崇尚真理、改正缺点、修正错误，真正让党员、干部思想受到教育、作风得到改进、行为更加规范。坚持讲求实效，开门搞活动，请群众参与，让群众评判，受群众监督，努力在解决作风不实、不正和行为不廉上取得实效，在提高群众工作能力、密切党群干群关系、全心全意为人民服务上取得实效。坚持分类指导，针对机关、企事业单位和基层的不同情况，找准各自需要解决的突出问题，提出适合各自特点的目标要求和办法措施。坚持领导带头，上级带下级、主要领导带班子成员、领导干部带一般干部，一级抓一级、层层抓落实。

教育实践活动的方法步骤是：中央政治局带头总结检查“八项规定”的落实情况，分析存在的问题，开展批评和自我批评，研究提出进一步加强作风建设的措施。中央政治局常委同志建立教育实践活动联系点，对联系点所在地方和分管领域的教育实践活动进行指导，示范带动和推进全党的教育实践活动。全国人大常委会党组、国务院党组、全国政协党组，结合各自实际开展教育实践活动。

（二）教育实践活动的领导

为了统一领导全党教育实践活动，中共中央成立了中央党的群众路线教育实践活动领导小组，中共中央政治局常委刘云山任组长，中共中央政治局委员、中央书记处书记、中央组织部部长赵乐际，中央书记处书记、中央纪律检查委员会副书记赵洪祝任副组长，副组长还有中组部常务副部长陈希和中宣部常务副部长雒树刚。小组下设办公室，陈希兼办公室主任，中组部副部长王秦丰为办公室副主任。

中央教育实践活动领导小组在中央政治局常委会领导下工作，发挥加强指导协调、督促落实的作用。小组组织实施，统筹各批次工作进度和各环节工作重点，保证整个教育实践活动扎实有序推进。在调查研究的基础上，有针对性地总结经验、解剖麻雀，以指导和推动工作，把中央部署落到实处。党的群众路线教育实践活动领导小组从2013年5月21日至2013年底，共召开六次会议。

5月21日，刘云山主持领导小组第一次全体会议。会议传达学习中央指示精神，听取教育实践活动准备工作情况汇报，审议关于在全党深入开展党的群众路线教育实践活动实施方案，讨论中央党的群众路线教育实践活动领导小组工作规则，安排近期需要抓紧做好的有关工作。

7月5日下午，刘云山主持领导小组第二次会议。会议学习贯彻习近平总书记在党的群众路线教育实践活动工作会议和中央政治局专门会议上的重要讲话精神，听取领导小组办公室关于各地区各部门各单位贯彻落实党的群众路线教育实践活动工作会议精神的情况汇报，讨论并原则通过了《关于做好第一批教育实践活动学习教育、听取意见环节工作的通知》。

8月14日，刘云山主持领导小组第三次会议。会议指出，在党中央坚强领导下教育实践活动有序展开、扎实推进，总的态势是好的。但从各地反映的情况和新闻媒体的调研材料看，活动中也存在一些不容忽视的问题：一是学习教育不够扎实认真，有的地方、部门和单位一般号召多、具体要求少，重形式、轻实际，集中学习讨论不够，触及思想深处不够。二是听取意见不够广泛充分，有的地方、部门和单位征求到的意见数量少、针对性不强，有的“信来信往”听不到实质性意见，有的热衷于到基层调研听意见，对送上门的意见却不闻不问。三是查摆问题不够具体深入，有的地方、部门和单位只查领导班子的问题，不查个人存在的问题，没把自己摆进去；只查普遍性问题，不查本单位存在的具体问题，没找到真问题；只查形式主义、官僚主义问题，不查享乐主义、奢靡之风问题，找问题避重就轻、不温不火，不碰敏感问题和实质性问题，满足于过关就行。这些倾向性问题应当引起我们的足够重视，采取得力措施加以纠正。会议要求：第一，抓住“一把手”这个关键，充分发挥好“一把手”的示范带动作用；第二，坚持开门搞活动、开门听意见，深入查摆“四风”方面存在的突出问题；第三，提倡把自己摆进去，真正让党员干部受到触动和警醒；第四，坚持时间服从质量，组织召开一次高质量的专题民主生活会；第五，加强组织领导和督促指导，确保教育实践活动各项工作扎实有序推进。

9 月 30 日，刘云山主持领导小组第四次会议。刘云山在讲话中说，习近平总书记全程参加河北省委常委班子专题民主生活会并发表重要讲话，明确了对“四风”问题进行整改的基本要求，阐述了批评和自我批评的重要意义和深刻内涵，提出了加强思想作风建设、提高领导班子和领导干部解决自身问题能力的努力方向。以习近平总书记重要讲话为指导开好专题民主生活会，重要的是坚持从严要求，真正把批评和自我批评开展起来。专题民主生活会要开门见山、直奔主题，突出问题导向、增强问题意识，紧紧围绕“四风”问题进行对照检查，摆得具体、查得深入。要弘扬整风精神，以对自己、对同志、对班子、对党高度负责的精神，严肃认真开展批评和自我批评，达到“团结——批评——团结”的目的。要联系成长经历、工作实际、经验教训，从理想信念、宗旨意识、党性修养、纪律观念上深入剖析根源，举一反三、由表及里，使灵魂受到触动、思想得到提高。要很好地把讲话精神贯彻到教育实践活动之中，体现到党的建设各方面，增强党内生活的政治性、原则性、战斗性，提高党的创造力、凝聚力、战斗力。

10 月 26 日，刘云山主持领导小组第五次会议。会议认为，教育实践活动进入查摆问题、开展批评环节以来，各地区各部门各单位认真贯彻中央部署，深入查摆“四风”突出问题，组织召开专题民主生活会，严肃认真开展批评和自我批评，取得积极成效。要把专题民主生活会作为新的开端，以扎实有力的措施抓好整改落实、建章立制环节的各项工作，做到思想不松懈、标准不降低、力度不减弱，确保教育实践活动善始善终、善做善成。

12 月 15 日，刘云山主持领导小组第六次会议。会议传达学习习近平总书记在听取河北省委党的群众路线教育实践活动总体情况汇报时的重要讲话精神，研究部署第一批活动收尾工作和第二批活动准备工作。刘云山说，习近平总书记重要讲话为深入开展教育实践活动提供了重要遵循，为全党以优良作风贯彻党的十八届三中全会精神、落实全面深化改革任务提供了有力指导。学习贯彻讲话精神关键要抓住两点：一是以认真的态度一鼓作气抓好教育实践活动，第一批教育实践活动进入收尾阶段，气可鼓而不可泄，越是到收尾阶段，越要保持力度，敬终如始、一抓到底，做到思想不能疲、劲头不能松、措施不能软，防止虎头蛇尾、功亏一篑。二是一以贯之地坚持教育与实践的统一。群众路线最终是实践问题，一切贵在行动，教育和实践是贯彻群众路线的两手，要坚持两手抓、两手都要硬，把教育和实践有机结合起来，做到寓教育于实践之中，又通过实践来不断深化教育。

（三）教育实践活动的开展

2013下半年开始，自上而下分两批开展教育实践活动。每批大体安排半年时间，2014年7月基本完成。第一批为省部级领导机关和副省级城市机关及其直属单位，中管金融企业、中管企业、中管高等学校；第二批为省以下各级机关及其直属单位和基层组织。要突出抓好直接联系服务群众的执法监管部门和窗口单位、服务行业的教育实践活动；广大党员要普遍受到一次马克思主义群众观点和党的群众路线教育。具体到每个单位，集中教育时间一般不少于三个月。每个批次、每个单位的教育实践活动，着力抓好以下三个环节。

1. 学习教育、听取意见。重点是搞好学习宣传和思想教育，深入开展调查研究，广泛听取干部群众意见。要采取多种形式进行学习和教育。组织党员、干部认真学习中国特色社会主义理论体系。学习党章和党的十八大报告，学习习近平总书记一系列重要讲话精神，学习党的光辉历史和优良传统，开展理想信念、党性党风党纪和道德品行教育，开展中国特色社会主义宣传教育，开展马克思主义群众观点和党的群众路线专题学习讨论。组织党员、干部走进基层、贴近群众，充分征求意见，为对照检查、开展批评和解决问题打好基础。运用灵活多样、务实管用的方式，抓好基层党员的学习教育工作。

2. 查摆问题、开展批评。重点是围绕为民务实清廉要求，通过群众提、自己找、上级点、互相帮，认真查摆形式主义、官僚主义、享乐主义和奢靡之风方面的问题，进行党性分析和自我剖析，开展批评和自我批评。要组织召开一次高质量的专题民主生活会。各级党委（党组）要切实负起责任，主要负责同志要带头查摆问题，带头开展批评和自我批评。会前，要充分听取群众意见，党委（党组）主要负责同志与班子成员逐一谈心，班子成员之间要互相谈心，每个班子及其成员都要对照为民务实清廉要求撰写对照检查材料。会上，既要进行深刻的自我批评，又要进行诚恳的相互批评。会后，要在规定范围通报民主生活会情况和班子成员的对照检查材料。

上级党组织派出的督导组要全程参与下级领导班子的专题民主生活会。在民主生活会准备阶段，督导组要向党委（党组）主要负责同志和班子成员通报掌握的班子建设情况和存在的突出问题。对反映存在问题较多的班子成员，由督导组会同党委（党组）主要负责同志进行谈话提醒，对其他班子成员也要进行个别谈话提醒。督导组要会同党委（党组）主要负责同志对班子成员的对照检查材料、开展批评和自我批评情况进行评价，并采取适当形式反馈。可邀请党代会代表、人大代表、政协委员和党员群众代表参加对领导班子和党员领导干部的民主评议。基层党组织要认真组织党员参加教育实践活动。每个党员都要参加所在党支部或党小组召开的专题组织生活会，针对存在问题，提出改进措施和办法。

3. 整改落实、建章立制。重点是针对作风方面存在的问题，提出解决对策，制定和落实整改方案；对一些突出问题，进行集中治理。每个单位都要抓住重点问题，制定整改任务书、时间表，实行“一把手”负责制，并在一定范围内公示。注重从体制机制上解决问题，使贯彻党的群众路线成为党员、干部长期自觉的行动。

强化正风肃纪。紧扣为民务实清廉要求，在反对形式主义方面，对各地区各部门各单位各类会议、文件、简报、节庆、评比表彰和达标活动进行认真清理，根据工作需要精简合并，集中治理文山会海，坚决取消一切没有实质内容、没有实际作用的会议、活动和文件。在反对官僚主义方面，对各级党政机关特别是领导干部的勤政情况进行监督检查，坚决整治推诿扯皮、办事效率低下问题。专项治理消极应付、不作为、乱作为，门难进、脸难看、事难办以及侵害群众利益的问题。在反对享乐主义方面，对各级领导干部落实有关工作和生活待遇规定的情况进行专项检查，进一步规范和落实公务接待有关规定，严禁违反规定配备秘书，认真清退违规占用的住房、办公用房和配备的车辆，不得超编制、超标准配备公务用车。在反对奢靡之风方面，继续清理检查“小金库”，全面检查“三公”经费使用情况，坚决制止铺张浪费行为，严禁用公款大吃大喝，严禁以各种名义用公款互相宴请和安排高消费娱乐活动，严禁借开会、调研、考察、检查、培训等名义变相旅游，严禁党政机关违反规定搞楼堂馆所建设。同时，要加强领导班子建设和严格教育管理干部，对软、懒、散的领导班子进行整顿；对存在一般性作风问题的干部，立足于教育提高，促其改进；对群众意见大、不能认真查摆问题、没有明显改进的干部，要进行组织调整。在活动中发现的重大违纪违法问题，要及时移交纪检监察机关或有关方面严肃查处。

提高群众工作能力。注重深入基层，摸清情况、摸清底数，克服走马观花、蜻蜓点水，提高调查研究、掌握实情能力；注重倾听民意、集中民智，克服情况不明、个人独断，提高科学决策、民主决策能力；注重直面困难，克服避重就轻、回避矛盾，提高解决问题、化解矛盾能力；注重顺应群众意愿、回应群众呼声，克服盲目指挥、强迫命令，提高宣传群众、组织群众能力。对那些与群众有感情、为群众办实事、得到群众拥护的干部要提拔使用，树立正确用人导向。

加强制度建设。对贯彻党的群众路线已有制度进行梳理，经实践检验行之有效、群众认可的，要长期坚持，抓好落实；对不适应新形势新任务要求的，要抓紧修订完善。坚决纠正有令不行、有禁不止、无视制度的问题。注重总结实践中的好经验好做法，完善党员干部直接联系群众制度和畅通群众诉求反映渠道制度，建立健全体现群众意愿的科学民主决策机制，健全干部作风状况考核评价机制，建立健全厉行节约、制止浪费制度，修订完善国内公务接待管理和外宾接待管理规定，完善公务用车配备使用管理办法，完善因公出国（境）管理规定，修订楼堂馆所建设管理制度，完善会议、培训、活动经费管理办法，完善党政机关领导干部住房、用车等工作生活待遇方面的制度，研究制定金融企业、国有企业负责人职务消费管理办法，建立健全公务支出、公款消费方面的审计制度，推动改进工作作风、密切联系群众常态化长效化。

各地区各部门各单位要把组织开展教育实践活动与认真做好各项工作和党员、干部履职尽责结合起来，做到两手抓、两不误、两促进。既要认真落实中央统一部署，坚持教育实践活动的基本环节不能少、不变通，把“规定动作”做到位；又要结合各自实际，灵活安排各个环节的工作，在解决问题上下功夫，有什么问题就解决什么问题，什么问题突出就重点解决什么问题，使“自选动作”有特色。集中教育实践活动告一段落后，要继续抓好整改措施的落实，巩固扩大活动成果。

在省部级单位开展活动期间，省以下地区部门单位，不要等待观望，要认真贯彻落实中央“八项规定”精神，该改的马上改，该做的马上做。同时，结合实际抓紧调查研究，广泛听取意见，为开展教育实践活动做好准备。

教育实践活动的组织领导：党的群众路线教育实践活动在中央政治局常委会领导下开展。成立中央党的群众路线教育实践活动领导小组，中央党的群众路线教育实践活动领导小组组长：刘云山；副组长：赵乐际、赵洪祝、陈希、雒树刚。领导小组成员单位包括：中央纪委、中央办公厅、中央组织部、中央宣传部、中央政研室、中央直属机关工委、中央国家机关工委、国务院办公厅、国家发展改革委、教育部、财政部、人力资源社会保障部、审计署、国务院国资委等。领导小组下设办公室，负责日常工作。

各级党委（党组）是抓好本地区本部门本单位教育实践活动的责任主体，要高度重视，认真负责。党委（党组）主要领导同志要承担起第一责任人的责任；有关部门要密切配合，形成工作合力。成立相应的领导机构和工作机构，具体负责教育实践活动，领导机构由党委（党组）主要领导同志负责。充分发挥行业系统主管部门对本行业本系统的指导作用。要用好的作风组织开展教育实践活动，注重发挥典型的示范和警示作用，力戒形式主义，不要走过场，做到“不虚”；着力解决突出问题，做到“不空”；紧紧围绕为民务实清廉，做到“不偏”，确保教育实践活动沿着正确轨道健康深入推进。每个批次教育实践活动结束后，各地区各部门各单位党委（党组）要向上级党组织写出报告。

加强宣传引导工作。新闻媒体要广泛宣传中央精神，通过新闻报道、先进典型宣传、言论评论、工作综述、专题专访等形式，充分反映教育实践活动进展和成效。创新宣传形式和载体，重视发挥网站、微博等新兴媒体的作用，加强正面宣传和舆论引导，为教育实践活动营造良好舆论氛围。强化舆论监督，通过以案说法、典型曝光、事件评述等方式，发挥监督警示作用，促进教育实践活动深入开展。组织开展党的群众路线理论研究，适时召开理论研讨会。

（四）习近平指导河北省教育实践活动

这又是一个重要的历史节点。64年前一代共产党人从西柏坡出发，进京“赶考”。64年后，历史已经发生了重要变化，此时中国，正处在全面建成小康社会、实现中华民族伟大复兴中国梦的关键阶段。面对历史和未来，习近平再次提出“赶考”问题：“要继续把人民对我们党的‘考试’、把我们党正在经受和将要经受各种考验的‘考试’考好，努力交出优异的答卷!”赶考在继续。

习近平将西柏坡所在的河北省作为第一批教育实践活动联系点，深入实际，指导工作，推动全党教育实践活动向纵深拓展。

2013年7月，习近平在与河北省委领导班子成员座谈时说：“邓小平同志说过：‘在中国来说，谁有资格犯大错误？就是中国共产党。’那么在党内，谁有资格犯大错误？我看还是高级干部。高级干部一旦犯错误，造成的危害大，对党的形象和威信损害大。”

8月，习近平对前来汇报的河北省领导开门见山：“我参加你们的专题民主生活会，可不是听你们讲莺歌燕舞的，要有真正的批评和自我批评。”他告诫说，“现在民主生活会，往往是对上级放‘礼炮’，对同级放‘哑炮’，对自己放‘空炮’，最后是你好、我好、大家都好。这样无助于解决问题。”

在总书记的指导下，河北动了真格，省委常委们反思自己“走过的道路”，不遮掩、不回避，敢于揭短亮丑，批评和自我批评的锋芒直指世界观、人生观、价值观的根本问题。省委书记周本顺代表班子集体检讨，剖析“四风”产生的原因，总病根就是理想信念淡薄了，“补钙”强骨抓得不够经常；总源头就是理论学习放松了，把中国特色社会主义理论体系内化于心、外化于行做得不够。

“反思自己，心理不平衡，自我膨胀，这几年开拓进取的精神松懈、干事创业的劲头不足，从根本上来说是理想信念不够坚定，是精神上的‘缺钙’。”

“怕接触矛盾，多栽花少栽刺，当‘圆滑官’，表面看是一个处世哲学问题，根子还是理想信念蒙上了灰尘，思想路线出现了模糊。”

9月23日至25日，习近平又专程来到河北，用四个半天时间参加省委常委班子党的群众路线教育实践活动专题民主生活会，坚持用好批评和自我批评的武器，提高领导班子解决自身问题能力。他一到河北，就听取了中央督导组关于河北省委教育实践活动的情况汇报，并分别同省委书记、省长谈心谈话，详细询问专题民主生活会准备情况，希望省委书记、省长带头深刻查摆剖析，带头开展批评和自我批评。

会上，河北省委常委班子对照形式主义、官僚主义、享乐主义和奢靡之风的种种表现，检查出六个方面的主要问题：一是政绩观存在偏差，追求短期效应，急功近利，影响经济社会持续健康发展；二是决策有时脱离实际，一些项目和部署缺乏严格论证，造成严重浪费的事也有发生；三是实干作风不够过硬，重点工作抓得不实不狠，特别是在解决群众意见大的问题上成效不显著；四是用人导向不够科学，没能很好激励干部干事创业；五是基层观念比较薄弱，深入基层解决困难不够；六是“两个务必”思想树得不牢，对享乐主义和奢靡之风整治不力。针对这些问题，常委班子深刻剖析了理想信念、群众观念、规矩意识、党性修养等四个“淡薄了”的原因，制定了具体整改方案。

河北省委常委班子成员的查摆和剖析聚焦“四风”，针对性强。有的同志谈到，经历多了，职务升了，做官久了，作风上的自我要求反而没有过去那么严了，事实上对群众的感情发生了变化，同群众拉开了距离；搞调研走马观花、蜻蜓点水，看“门面”和“窗口”多，看“后院”和“角落”少，做了一点事生怕别人不知道，付出一点辛苦就想得到回报，这实际上是私心杂念在作怪；自己在赞扬和奉承声中逐渐飘飘然起来，甚至越来越自命不凡、自以为是、自我膨胀，主要还是没有摆正同群众的位置，个人英雄主义在滋长；怕接触矛盾，多栽花少栽刺，根子还是理想信念蒙上了灰尘。每位同志在查摆剖析的基础上明确了自己的整改方向和措施。

会议期间，习近平一边听一边记，不时插话询问，多次进行深入点评。习近平对河北省委常委班子专题民主生活会给予肯定。他指出，河北省委常委班子为开好专题民主生活会作了扎实的准备。大家的发言，既从分管工作上查摆剖析问题，又积极分担班子问题的责任；既联系现在的身份和岗位职责，又联系成长进步经历；既从工作中找差距，又从思想上、党性上找差距；既有红红脸、出出汗的紧张和严肃，又有加加油、鼓鼓劲的宽松与和谐，从中可以看出识大体、顾大局的担当，可以看出敢于揭短亮丑的勇气，可以看出诚恳帮助同志、维护班子团结的觉悟，会议氛围很好，质量较高。

习近平说，这次专题民主生活会只是一个好的开端。查摆问题的目的在于解决问题，把正确的认识落实到行动上。对会上查摆出的问题，要逐项研究，细化解决方案，深化专项治理，严格纪律约束。要防止一些同志产生对照检查就是“闯关”的思想，不能以为过了这一关就可以万事大吉了。教育实践活动越往后，越要坚持标准，绝不能虎头蛇尾，绝不能用自我感觉代替群众评价。一定要认清“四风”的严重性、危害性和顽固性、反复性，锲而不舍、驰而不息抓下去。对此，中央是下了决心的，希望大家也下定决心，毫不动摇。

“你们都知道温水煮青蛙的故事吧?”他接着说，温水煮，青蛙不知不觉就死去了。一个人也是如此，职务升迁了，生活变好了，信念就可能慢慢消失了。如果你自己不去自我警醒，我们作为一个党不能去自我警醒，那么谁还能叫醒你呢?

习近平在点评时再次突出强调“总开关”——

习近平将共产党人的信仰，形象地称为“总开关”。要把坚定理想信念，切实解决好世界观、人生观、价值观这个“总开关”拧紧。理想信念就是共产党人精神上的“钙”，没有理想信念，理想信念不坚定，精神上就会“缺钙”，就会得“软骨病”。“总开关”问题没有解决好，这样那样的出轨越界、跑冒滴漏就在所难免。现实当中，一些党员干部正是因为丧失了远大理想，所以才会心为物役，信奉金钱至上、名利至上、享乐至上；正是因为忘记了人民是创造历史的主体，所以才会脱离实际、脱离群众，高高在上、唯我独尊；正是因为没有把人民利益作为人生意义和价值的标准和尺度，所以才会贪图虚名、弄虚作假，大搞所谓的政绩工程、形象工程，才会追名逐利、贪图享受。习近平指出，如果丢失了共产党人的远大目标，就会迷失方向，变成功利主义、实用主义者，最后意志消沉，奉行及时行乐的人生哲学，甚至产生“人不为己，天诛地灭”的想法，把当干部作为一种谋取私利、巧取豪夺的手段。

教育实践活动聚焦形式主义、官僚主义、享乐主义和奢靡之风这“四风”问题。习近平说，作风问题关系人心向背，关系党的执政基础。我们一定要牢记“奢靡之始，危亡之渐”的古训，对作风之弊、行为之垢来一次大排查、大检修、大扫除，切实解决人民群众反映强烈的突出问题。

他在讲话中强调，批评和自我批评是解决党内矛盾的有力武器。全党同志特别是各级领导干部要增强党性，本着对自己、对同志、对班子、对党高度负责的精神，大胆使用、经常使用这个武器，使之越用越灵、越用越有效，以此促进民主集中制的贯彻执行，促进党内生活的严格规范，促进党性原则基础上的团结，切实提高领导班子发现和解决自身问题的能力。

习近平惟妙惟肖地给“四风”画了四幅“肖像”：

形式主义——知行不一、不求实效，文山会海、花拳绣腿，贪图虚名、弄虚作假。

官僚主义——脱离实际、脱离群众，高高在上、漠视现实，唯我独尊、自我膨胀。

享乐主义——精神懈怠、不思进取，追名逐利、贪图享受，讲究排场、玩风盛行。

奢靡之风——铺张浪费、挥霍无度，大兴土木、节庆泛滥，生活奢华、骄奢淫逸，甚至以权谋私、腐化堕落。

作风“篱笆”扎得严不严？在作风问题上，并非没有“篱笆”，但“四风”乃至腐败行为却屡禁不止，为什么？

习近平打了个生动的比方：“牛栏关猫是关不住的，空隙太大，猫可以来去自如。”在教育实践活动中，建章立制，扎紧约束权力的笼子。“四风”问题与世界观、人生观、价值观有密切联系。在作风问题上，起决定作用的是党性。作为党的干部，必须永不动摇信仰，做到坦荡做人、谨慎用权，光明正大、堂堂正正。越是发展中面临的矛盾比较突出，越是要时刻牢记目标，踏石留印、抓铁有痕，过了一山再登一峰，跨过一沟再越一壑，决战决胜打好调整经济结构、化解产能过剩这场攻坚战。

有人谈到越野车配备问题。习近平插话：“我看常委们不要配越野车，书记、省长也不要配。真要下乡，就临时调用。”他还说，中央下一步要就此作出规定。很快，河北省委常委们的越野车全部上交。清理超标办公用房，也从书记、省长开始。

河北省委按照总书记“眼睛向下、为人民做事、多雪中送炭”的要求，河北省广泛征求群众意见建议，共计 46 万多条。还请基层代表“当面锣、对面鼓”地给省委领导提意见。

群众路线教育实践活动不是一次说教，是要解决实现中国梦的根本大计，就要密切联系中国发展的实际问题。就任总书记以来，面对经济下行压力、国外唱衰中国论调，习近平心中有数。他说，速度再快一点，非不能也，而不为也。我们坚定不移推进转型升级，宁可主动将增长速度降下来一些，也要从根本上解决长远发展问题。

2013 年 12 月 9 日，习近平在中南海听取汇报河北第一批教育实践活动总体情况特别是集中整改落实、建章立制的情况，以及第二批教育实践活动调研准备情况。省委领导在汇报中说，在总书记亲自指导下，河北省通过教育实践活动，进一步坚定了党员干部的理想信念，转变了发展指导思想，正风肃纪见到成效，群众反映强烈的问题得到有效解决，1.7 万辆 O 牌车全部取消，清理超标办公用房 91.2 万平方米，查出“吃空饷”1.85 万人，清理楼堂馆所项目 237 个，压缩省直部门简报 42%，省直单位减少公务接待费用 24%，活动中累计处理违纪干部 2750 多人。习近平在对河北教育实践活动给予充分肯定的同时，提出了河北迫在眉睫的环境污染问题。他说：“调整结构、治理污染，你们是立了军令状的。军中无戏言，到时候就要看结果。”

在以 GDP 论英雄的发展观中，正是为了全国国内生产总值排名，河北省一再增加钢铁、煤炭、水泥产能。GDP 河北已经排在全国第六位，很快就能到第五位了。但这同时产能在不断增长，利润在不断缩水，污染在不断加重。全国 10 个污染最严重城市河北占了 7 个。北京雾霾天气，周边的河北有直接的影响。再不下决心调整结构，就无法向历史和人民交代。

习近平“军中无戏言”正是对此而言的。习近平说，河北结构失调，污染严重，群众意见大，要过结构调整的坎，爬转型升级的坡。你们国内生产总值即便滑到第七、第八了，但在绿色发展方面搞上去了，在治理大气污染、解决雾霾方面做出贡献了，那就可以挂红花、当英雄。国内生产总值“紧箍咒”就这样解除了。河北解了套，全国也在松绑。

把教育实践活动同转变发展方式结合起来，既是一次发展思路的大转变，也是一次政绩观的再升华。隆冬季节，太行东麓。随着一阵阵巨响，一座座巨人般的水泥高塔轰然倒地。12月17日，河北一天内集中爆破拆除18家水泥企业[①]。到2017年，河北计划压减6000万吨钢铁、6000万吨水泥、4000万吨煤、3000万标准重量箱平板玻璃，大幅度砍掉产能。河北发展迎来突破重围，启动历史性转轨的新时机。

12月17日，中央党的群众路线教育实践活动领导小组印发《关于认真学习贯彻习近平总书记在听取河北省委党的群众路线教育实践活动总体情况汇报时讲话的通知》，强调各级党委（党组）要认真学习贯彻习近平总书记重要讲话精神，紧密结合贯彻落实党的十八届三中全会精神，结合学习贯彻习近平总书记系列重要讲话精神，进一步抓紧抓好教育实践活动，确保教育实践活动善始善终、善作善成。《通知》指出，认真抓好第一批教育实践活动总结工作。要系统总结第一批教育实践活动的做法和经验，党委（党组）主要负责同志要亲自主持，

① 引自《燕赵都市报》2014年2月18日。

全面回顾、认真分析、集体研究，把成功做法经验化、零星探索系统化，努力形成实践成果、制度成果和理论成果。坚持进度服从质量，边总结边深化，扎实开展“回头看”，进一步查漏补缺，不断巩固和扩大活动成果，使总结的过程成为认识再提高、措施再完善、工作再推进的过程。要加强对教育实践活动的好做法好经验、整改成效以及先进典型的宣传，不断释放教育实践活动的正能量。

根据中央的统一安排，中共中央政治局常委在第一批教育实践活动中分别联系一个省区进行具体指导，发挥示范带动作用，李克强、张德江、俞正声、刘云山、王岐山、张高丽分别到广西、江苏、甘肃、浙江、黑龙江、四川指导教育实践活动。

三、强势反腐

◎中央纪委监察部精简和整合优化机关内设机构

◎中央纪委监察部网站首页新设立信访举报专区

◎一对一约谈

◎成立中央巡视工作领导小组

◎抽查领导干部报告的个人有关事项

◎坚持“老虎”“苍蝇”一起打

（一）创新反腐工作机制

2013 年度的党风廉政建设和反腐败工作首先在建立健全新的工作机制上做出新举措。党的十八大以来，中央纪委监察部认真落实党中央关于中央纪委、监察部机关合署办公精神，切实做到一套工作机构、两个机关名称，对党中央全面负责。陆续制定了中央纪委常委会工作规则、中央纪委办公会议规则和监察部工作规则，建立不驻会常委向中央纪委常委会报告工作制度，充分发挥中央纪委常委会的决策作用。

为了更好地履行职责，明确职责定位，转变职能，突出主业，将工作重心聚焦反腐败，中央纪委监察部精简和整合优化机关内设机构，撤销党风室、纠风室、执法室、绩效室，新设立党风政风监督室、执法和效能监督室，增设两个纪检监察室。通过调整，减少机构重叠和职能交叉，机构设置、人员配置进一步向办案和监督工作倾斜。同时，清理调整参加的各类议事协调机构，由125个清理调整为14个，对确需纪检监察机关参加的予以保留，属于其他部门职责范围的不再参与，避免出现纪委职能“越位”“错位”等问题。各地纪检监察机关也对内设机构和议事协调机构进行了调整，31个省（区、市）和新疆生产建设兵团纪委、监察厅（局）参与的议事协调机构平均减少60%以上，办案人员数占到总数的22%。

在做好信访举报受理工作方面，中央纪委监察部网站首页新设立信访举报专区，对反映中管干部问题线索进行全面清理，制定拟立案、初核、暂存、留存和了结五类处置方式和标准，完善和细化侧面了解、初核、立案、采取党内审查措施、涉案款物管理等各项制度。集中力量查清主要违纪事实，提高办案质量和效率。2013年全国纪检监察机关立案件数、结案件数、给予党纪政纪处分人数，分别比2012年同期增长

11.2%、12.7%、13.3%[①]。各地区各部门也查处了一批在本地区本部门有影响的大案要案。比如，安徽省纪委查办了省国土资源厅原厅长陈良纲严重违纪违法案件，河南省纪委查办了安阳市委原书记张笑东严重违纪违法案件，广东省纪委查办了深圳市原副市长梁道行严重违纪违法案件，四川省纪委查办了雅安市委原书记徐孟加严重违纪违法案件。

约谈是颇具中国特色的一种制度。是拥有具体行政职权的机关，通过约谈沟通、学习政策法规、分析讲评等方式，对未履行或未全面正确履行职责，或未按时完成重要工作任务的下级组织部门所进行的问责谈话制度，有利于对下级组织运行中存在的问题予以纠正并规范的准具体行政行为。约谈制度的目的是防患于未然。约谈制度出自安全生产领域，其产生也有若干年了。但是，把约谈制度引入反腐倡廉工作中，特别是从中纪委监察部高层领导做起，不能不说是2013年贡献的一个新事物。

2013年4月22日，王岐山就落实中央“八项规定”首次约谈中纪委派驻机构纪检组长。这一天被约谈的是中央纪委驻财政部纪检组组长刘建华。王岐山书记这次约谈她，是抓住“五一”这个时间节点，提醒、警示包括财政部在内的中央和国家机关各部委，持之以恒抓好“八项规定”的贯彻落实。王岐山强调，“八项规定”的实质是密切联系群众、求真务实、艰苦朴素。贯彻落实中央“八项规定”第一是靠自律，第二靠

① http://www.asu.edu.cn/info/1012/6303.htm，2014年1月11日。

监督，关键是深刻领会精神实质，把自己摆进去，把中央要求内化于心、外化于行，做到言必行、行必果。要从领导机关、领导干部做起，自上而下抓，层层抓落实。各级纪委要认真履行日常监督和执纪检查职责，一个阶段一个阶段狠抓落实，坚持住、可持续、别发散。同时把转变职能和改进作风联系起来，职能不转，还是文山会海，作风就很难改变，找准职能定位，转文风改会风，促进作风转变。

和刘建华谈完，紧接着，王岐山又把国资委纪委书记强卫东请了进来。话题还是那个话题，气氛仍然是那样亲切，压力也同样不小。

同一天上午，中共中央书记处书记、中央纪委副书记赵洪祝等中央纪委监察部领导班子成员，也与来自中央和国家机关各部委的十多名纪检组组长、纪委书记分别进行了一对一的约谈。约谈的主题就是各部委贯彻落实“八项规定”的情况、存在的问题以及下一步工作打算。

在从 4 月 22 日至 26 日的五天时间里，中央纪委监察部领导班子成员，分别约谈了 53 位派驻到中央和国家机关的纪检组组长、纪委书记。中央纪委领导已转向约谈中央纪委委员和省（区、市）纪委书记。

约谈就是转作风。从常识的角度来看，调查研究通常是领导深入基层，越到最基层，调研就越深入。但接受过约谈的纪检领导干部却认为，中央纪委领导这样把干部请进来一对一地约谈，甚至比下去调研更接地气。有的基层调研，领导看到的都是精心准备过的，参加会的人是事先选好的，汇报稿是精心打磨过的，汇报人往往都是念稿子，很难听到真情实况。一位被约谈的纪检组组长表示，中央纪委领导的这种约谈方式，可以让被约谈者说出平时不好说的话，了解到更真实的情况，本身体现了作风的转变，求真务实。

约谈也是工作方式方法的创新。驻国家体育总局纪检组组长王庆云接到约谈他的通知电话，生怕自己听错了，一再问："这是要开座谈会，还是要找我谈话?"因为，这是他第一次被请去中央纪委同领导面对面交谈。"我当了 10 年的纪检组组长，曾多次向中央纪委监察部领导同志做过汇报。但像这样被请到办公室，面对面、一对一交流式的汇报，以前还真没有过。"驻国土资源部纪检组组长王寿祥回忆起被赵洪祝约谈时的情景时说："谈的问题可以更具体、更深入，甚至可以不受时间的限制，就会有很多鲜活的情况和内容，对中央纪委的建议也可以更加直截了当。"

约谈产生了警示效果。"约谈的是纪检组组长，绷紧的却是我们全机关的'弦'。"强卫东回忆说，约谈结束后回到国资委，他才知道这次约谈牵动了国资委机关所有人的心，"尽管约谈的是我们这些纪检组组长、纪委书记，但触动的，是我们驻在部门的'一把手'，提醒、警示的是党组、党委。接到约谈通知，我就找到我们国资委党委书记汇报。我认为，警示正是约谈所发挥的重要作用。"约谈结束后强卫东马上回机关，向国资委主要领导报告王岐山书记讲话要求。随后，国资委立即作出部署，继续落实好"八项规定"，解决广大群众反映强烈的突出问题，国资委党委成员也把自己摆进去，逐一对照检查。4 月 25 日上午，财政部召开部党组会议，听取纪检组组长刘建华的汇报，要求部党组成员分别与各司局长约谈，司局长分别与各处长谈，一级抓一级，推动“八项规定”深入落实。驻国家发改委纪检组组长刘晓滨认为，中央和国家机关是领导机关，是部门和行业的“龙头”。这次约谈，就是发挥牵一发而动全身的作用。上行下效，抓住了中央国家机关，就能起到很好的示范作用，形成一股巨大的正能量。这种集中一对一的约谈，体现了党的十八大后新一届中央纪委领导求真务实的工作作风。①

约谈还取得了一个意想不到的效果——中央纪委监察部派驻到各部委的纪检组组长、纪委书记们，有了一种归属感，他们与中央纪委监察部的联系比以往更密切。约谈给了这些派驻纪检组组长、纪委书记对驻在部门进行执纪监督的底气，也就是加强派驻工作。

约谈已成为中央纪委全面履行党章赋予的职责、发挥检查监督职能的工作方法。“约谈”现在已经日益成为党政机关日常工作中的一个热词，至少 20 个国务院部委开展过“约谈”，约谈的目的依然是对各部委工作的“问责”和“整改”。② 约谈一般采取的是约谈人先发问或批评，约谈对象表态或解释这种形式。在具体约谈中，有一对一的约谈，也有集体约谈。在约谈前，被约谈人也会得到具体通知。在对各部委的约谈中，国土资源部的约谈更像是一种问责，一开始就对时任大同市市长“提出严厉批评”。

---

① 《王岐山 53 次约谈派驻中央巡视组》，监察部网站，2013 年 5 月 16 日。

② 新华网，2014 年 6 月 16 日。

（二）加强和改进巡视工作

强化巡视制度也是 2013 年党风廉政建设和反腐败工作的创新点之一。

巡视制度是贯彻落实党章关于党的中央和省、自治区、直辖市委员会实行巡视制度的规定，完善党内监督制度的一部重要党内法规。它的颁布实施，对于完善巡视制度，规范巡视工作，坚持党要管党、从严治党的方针，保证党的路线方针政策和中央重大决策部署的贯彻落实，促进党风廉政建设和反腐败斗争的深入开展，加强领导班子和干部队伍建设，具有十分重要的意义。巡视制度在 2003 年就开始了，并摸索出一些行之有效的经验。在近十年实践的基础上，2009 年 7 月 2 日，中共中央正式发布实施《中国共产党巡视工作条例（试行）》。

既然如此，为什么说 2013 年巡视组是亮点之一呢？这是因为：

第一，成立了中央巡视工作领导小组，组长由中共中央政治局常委、中央纪律检查委员会书记王岐山担任，中组部部长赵乐际与中纪委副书记赵洪祝任副组长，极大地提升了中央巡视组的权威性和社会影响力。

第二，中央巡视组实行组长负责制。组长一般从已离开一线岗位、但尚未年满 70 岁的省部级（正职）官员中选任。与以往不同的是，此次巡视组组长由“职务”变为“任务”，组长不再是“铁帽子”，“一次一授权”。

第三，中央巡视组巡视工作除《中国共产党巡视工作条例

（试行）》赋予的九大权限，即听取工作汇报和有关部门的专题汇报，根据工作需要列席民主生活会和述职述廉会，受理反映问题的来信、来电、来访等，召开听取意见座谈会，个别谈话，调阅、复制有关文件、档案、会议记录等资料，民主测评、问卷调查，走访调研，对专业性较强或者特别重要问题的了解可以商请有关职能部门或者专业机构予以协助等以外，还被赋予新的工作手段：抽查领导干部报告的个人有关事项。

第四，明确规定中央巡视组的工作重点：一是要围绕党风廉政建设和反腐败斗争，着力发现领导干部是否存在权钱交易、以权谋私、贪污贿赂、腐化堕落等违纪违法问题；二是要在贯彻落实“八项规定”方面，着力发现是否存在形式主义、官僚主义、享乐主义和奢靡之风等问题，紧紧盯住，防止反弹；三是要着力发现是否存在违反党的政治纪律问题；四是要着力发现是否存在选人用人上的不正之风和腐败问题。可见，此次力度空前的中央巡视工作是十八大后党中央一系列强势反腐宣誓后的具体行动，也是对民众反腐新期待的一种回应。

第五，中央巡视组成员名单、巡视地区和联系方式一律在媒体公开，完全是在阳光下运行。这是十多年来巡视工作所不曾有过的新气象。民众对此无不齐声称快。

2013 年 5 月中央巡视工作动员暨培训会议在北京召开。17 日，王岐山到会发表讲话指出，当前，党风廉政建设和反腐败斗争形势极为严峻复杂，我们党面临的挑战有的来自国际，有的来自国内，最根本的还是来自党内，不正之风和腐败就是来自党内的挑战之一。党风廉政建设和反腐败斗争要全党动手一起抓。中央巡视组要明确自身定位，履行监督责任，当好党中央的“千里眼”，找出“老虎”和“苍蝇”，对违纪违法问题早发现、早报告。

王岐山强调巡视工作要突出四个重点：一是要围绕党风廉政建设和反腐败斗争，着力发现领导干部是否存在权钱交易、以权谋私、贪污贿赂、腐化堕落等违纪违法问题；二是要在贯彻落实“八项规定”方面，着力发现是否存在形式主义、官僚主义、享乐主义和奢靡之风等问题，紧紧盯住，防止反弹；三是要着力发现是否存在违反党的政治纪律问题；四是要着力发现是否存在选人用人上的不正之风和腐败问题。中央巡视组要紧紧依靠各级党委，密切联系群众，拓宽发现问题的渠道和途径。要关口前移，“下沉一级”了解干部情况，对领导干部报告个人有关事项进行抽查，提高巡视的针对性和有效性。

中央巡视组的工作程序分为巡视前准备，巡视工作中的发现、了解，巡视工作结束之后的工作，具体包括以下六个环节：

一是准备。巡视组进驻之前要听取中央纪委、中央组织部、审计署、国家信访局等有关单位，来介绍被巡视地区、单位的有关情况，因为他们平常工作当中掌握、了解一些被巡视地区、单位群众的反映，接到的信访情况、问题。就是要多渠道收集信息，研究制定有针对性的工作方案，以便更有效了解发现问题。

二是了解发现问题。进驻后，召开巡视动员会，向被巡视党组织通报巡视的目的、任务、要求，通过听取汇报、受理信访、个别谈话等多种方式，了解掌握巡视对象在前述“四个着力”方面存在的问题，对重要问题线索我们还要采取多种措施开展更深入的了解，有更扎实的掌握。

三是报告。巡视了解工作结束后，巡视组要写出巡视报告，向领导小组如实、客观汇报，领导小组综合各个巡视组的情况还要向中央做综合报告。

四是反馈。按照领导小组要求，巡视组向被巡视党组织反馈巡视情况。巡视组向被巡视单位反馈的情况，都是向领导小组汇报以后，领导小组审查、认定、提出的应该反馈的内容，这个内容由巡视组负责向被巡视的地区、单位进行反馈。在反馈中严肃指出问题，提出整改的意见建议。

五是移交。按照领导小组要求，将发现的问题和线索分门别类移交有关部门去办理。

六是督办。督促被巡视地区、单位整改落实，督促有关部门办理巡视移交事项，并将巡视成果运用情况综合报告中央和领导小组。第一轮巡视以后的整改落实督办工作现正在扎实开展。

10月23日，在第一轮巡视工作结束，第二轮巡视工作即将开始时，中央召开巡视工作动员部署会。会上王岐山强调，要紧紧围绕党风廉政建设和反腐败工作，聚焦重点，严肃认真开展好今年第二轮巡视。要突出发现问题，强化震慑作用，不能让有问题的人心存侥幸，不能让腐败分子有立足之地。第一轮巡视发现了一批问题线索，对巡视成果善加运用，坚决查处腐败、纠正“四风”，得到了党中央的肯定和人民群众的拥护。

实践证明，中央对巡视工作做出重大改进的决策是完全正确的。王岐山强调，第二轮巡视要按照中央对巡视工作提出的新要求，围绕“四个着力”，坚持发现问题、形成震慑不动摇。要不断探索创新，强化对党组织领导班子及其成员特别是“一把手”的监督，运用机动灵活的巡视工作方法，提高对领导干部报告个人有关事项抽查的针对性，坚持到领导干部担任过“一把手”的地方“下沉一级”了解情况，使巡视工作不断深入，提高针对性和实效性。要运用好巡视成果，对巡视发现的问题分类处置，违纪违法问题线索要报告中央纪委，选人用人上存在的问题要移交中央组织部，巡视结果要向被巡视地区和单位的党组织反馈，加强督查督办。对领导班子和领导干部存在的问题要坚持抓早抓小，该诫勉谈话的要严肃认真谈话，对领导干部身上的苗头性问题要敲敲警钟，确保巡视成果落到实处。

王岐山要求，中央巡视组要切实肩负起发现问题的责任。对重大问题应该发现而没有发现就是失职，发现问题没有客观汇报就是渎职，必须根据情况追究责任。要带头落实中央“八项规定”精神，改进工作作风。巡视纪律就是政治纪律，绝不允许跑风漏气。

中央巡视组一年来巡视发现的问题印证了党中央对形势的判断。重点领域和关键环节腐败问题依然多发，有的地方和部门选人用人问题突出，一些党组织对反腐败斗争形势认识不到位，党风廉政建设主体责任和监督责任不落实。其中第一轮巡视中发现有价值的问题线索比过去增加五倍。中央纪委已对贵州省委原常委、遵义市委原书记廖少华，湖北省原副省长郭有明、政协原副主席陈柏槐，江西省人大常委会原副主任陈安众，湖南省政协原副主席童名谦，中国出口信用保险公司原副总经理戴春宁等。涉嫌严重违纪违法问题进行立案调查。中央组织部根据巡视建议对有的被巡视党组织领导班子成员作出调整。

以第一轮第八巡视组为例。第八巡视组对江西省的巡视时间为5月27日至8月20日，历时近3个月。巡视组在江西期间，为广泛征求各界意见，主要通过听取各单位工作汇报、召集个别谈话、开展民主测评、问卷调查等方式进行工作。其中，“约谈”即“个别谈话”是最重要、最基本的工作方式。一位被约谈的官员表示：“约谈的时间长短不一，时间短的约10分钟，时间长的数小时。”此外，受理来信、来电、来访也是巡视组了解民情的重要手段。已经落马的江西省赣州市于都县原县委书记胡健勇在狱中的来信举报就受到了巡视组的重视，巡视组接到举报后对胡进行了提审，震动了当地的各级部门。巡视组还对基层进行了调研巡视。到各地市巡视时间长短不一，有的地市待了一周甚至更久，最短的只待了两天。尽管十分低调，但由于中央巡视组的权威性，得知中央巡视组抵达消息后，一些地区出现排队等待接访的场景。

巡视组组长王鸿举代表巡视组作反馈时，当着出席会议的省委、省人大、省政府、省政协领导班子成员以及列席会议的其他副省级干部、省纪委和省委组织部领导班子成员的面，将干部群众反映的问题概括为：“在党风廉政建设和反腐败方面，有的领导干部及其亲属存在插手工程建设项目、谋取私利、节假日收送红包礼金等问题；在执行中央“八项规定”和作风建设方面，一些干部思想认识仍有差距，工作中存在形式主义，有的甚至顶风公款吃请；在干部选拔任用方面，存在超编制配备干部，个别干部‘带病提拔重用’等问题。此外，干部群众还反映，一些地方在矿产资源保护、开发、管理工作中存在漏洞。同时，巡视组还收到反映一些领导干部的问题线索，已按有关规定转中央纪委、中央组织部有关部门处理。”[①]

各被巡视单位和地区党组织对巡视中发现的问题高度重视，及时拿出整改措施并在第一时间公布处理情况。

湖南省委针对中央巡视组反馈的执行政治纪律方面存在的问题，按照中央要求依法依纪、严肃处理衡阳破坏选举案。已依法终止 596 人（含具有县人大代表资格的大会工作人员）、749 名省、市、县（市区）人大代表资格，分两批给予 466 人党纪政纪处分，对第一批 409 人已下达处分决定，其中涉及厅级干部 18 人、处级干部 139 人。第二批于 6 月底处理到位。加大司法处理力度，省检察机关立案侦查 68 人，其中 50 人已侦查终结移送起诉。在抓好案件处理的同时，坚持举一反三，治本抓源，从不同层面对案件进行总结剖析和深刻反思，并结合第二批党的群众路线教育实践活动，在全省组织开展“党纪条规教育年”活动，对衡阳破坏选举案进行剖析反思，以案说

① 《江西日报》2013 年 9 月 19 日。

纪、以案明法。[①]

中央第九巡视组在肯定三峡集团公司成绩的同时，明确指出巡视组发现和干部群众反映的一些问题，其中包括一些领导人员亲友插手工程建设，招投标暗箱操作等。三峡集团针对招投标管理方面的问题和漏洞，提出九项规定，其中包括清理复核以前招投标项目。对三峡集团以往的招投标项目进行全面清理，于 2014 年 3 月 19 日封存了集团范围内所有招投标资料以便备查，并要求任何人都不得对原始资料进行修改、转移甚至销毁，要求招标办、招标公司、档案馆（室）等相关部门单位全力配合做好资料查询取证等工作。对经查确有问题的将严格依纪依规处理。对领导干部亲友在集团范围内从事相关经营活动进行申报和清退工作；禁止各级领导干部利用职务或职位上的影响，采取任何方式违规干预和插手招投标活动；禁止各级领导干部亲友在集团公司范围内从事承包或分包业务；禁止各级领导干部以任何理由干扰、限制、阻碍招投标违纪案件的查处。凡是参加招标、投标、评标、决标活动的人员都要签订廉洁从业承诺书，实行公开承诺，纪检监察部门依法依规对招投标活动全程进行监督等。2014 年 3 月 24 日，中国长江三峡集团公司召开干部大会，中央组织部副部长王京清在会上宣布了党中央、国务院关于中国长江三峡集团公司主要领导调整的决定：卢纯任中国长江三峡集团公司董事长、党组书记，王琳任中国长江三峡集团公司总经理，免去曹广晶中国长江三峡集团

① 中纪委监察部网站：中共湖南省委关于中央第十巡视组反馈意见整改情况的通报。发布时间：2014 年 6 月 17 日。

公司董事长、党组书记职务，免去陈飞中国长江三峡集团公司总经理职务；曹广晶、陈飞将另有任用。王京清表示，上述决定是根据三峡集团领导班子建设的实际，结合中央巡视组和群众路线教育实践活动中央督导组掌握的情况，经过慎重研究做出的。另据中纪委网站消息，中共中国长江三峡集团公司党组通报中央第九巡视组反馈意见整改情况。根据通报，三峡集团已按党纪政纪处理一人，准备另行处理二人。对巡视组指出的五名“带病上岗”人员，纪检组经反复调查研究形成了处理意见，已向上级纪委做了报告。[①]

商务部针对中央巡视组提出的援外项目廉政风险较大的问题及时采取了整改。中央巡视组指出，援外项目在境外监管较难，在援外企业资质审批、项目立项、预算管理、招投标等环节问题比较突出，调整预算项目过多，违规支出情况比较严重。针对上述薄弱环节，商务部近年来，包括出台勘察管理规定，严格审批重大设计变更，加大对违规企业的处罚力度，修订招议标办法以及规范预算编报、执行和调剂程序等，以及会同审计署对部分援外项目进行延伸审计，驻部纪检组监察局加强了对援外项目廉政风险巡视工作。新一届商务部党组成立后，充分认识到援外项目管理改革的必要性和紧迫性。2014年3月11日，商务部党组审议通过了援外项目管理体制改革方案，成立了由高虎城同志担任组长的援外改革领导小组，明确了改革内容、路线图和时间表，进一步明确了援外项目管理

① 中纪委监察部网站：中共中国长江三峡集团公司党组关于中央第九巡视组反馈意见整改情况的通报。发布时间：2014年6月16日。

体制改革要突出转变政府职能、坚持市场化方向的基本思路。在《对外援助管理条例》出台的同时，又制定援外管理规章制度体系规划，并启动了《对外援助管理办法》和配套规章制度的起草和修订工作。[1]

2014 年 3 月 15 日，中共中央政治局常委、中央纪委书记、中央巡视工作领导小组组长王岐山在中央巡视工作动员部署会议上，高度评价巡视工作在党风廉政建设和反腐败斗争中的作用。他说，巡视是党要管党、从严治党的重要手段。过往一年，巡视工作取得新成效，得益于党中央的坚强领导，得益于党内和人民群众的支持参与，得益于被巡视单位党组织的大力配合，得益于巡视组全体干部的辛勤工作。2014 年要全面完成对地方的常规巡视。改进中央和省区市巡视制度，逐步做到对地方、部门、企事业单位全覆盖。要实施组织制度创新，机动灵活开展专项巡视，使之成为高悬的达摩克利斯之剑。要创新方式方法，经过实践探索，逐步完善成熟形成制度。要紧扣“四个着力”，瞪大眼睛发现问题，不能睁一只眼闭一只眼。要加强对党风廉政建设主体责任、监督责任落实情况和组织纪律执行情况的监督检查。要用好巡视成果，分类处置，做到件件有着落。被巡视单位党组织要狠抓整改落实，对整改不彻底、措施不到位的，要严肃问责。整改情况在党内通报的同时向社会公布，接受党内、群众和媒体的监督。权力就是责任，责任就要担当。要加强对巡视工作的统一领导。中央巡视组要坚持

① 中纪委监察部网站：中共商务部党组关于中央第一巡视组反馈意见整改情况的通报。发布时间：2014 年 6 月 11 日。

党性原则，认真履职。对重大问题应该发现而没有发现就是失职，发现问题没有客观汇报就是渎职，必须依纪依规追究责任。要认真落实中央“八项规定”精神，严格遵守政治纪律、组织纪律、工作纪律和保密纪律，密切联系群众，展现优良作风，不负重托，不辱使命，扎扎实实做好巡视工作。

（三）严惩腐败，坚持“老虎”“苍蝇”一起打

2013 年，中纪委根据党的十八大对形势的判断和战略部署，把惩治腐败放在突出位置，坚持“老虎”“苍蝇”一起打，坚持有腐必惩、有贪必肃。

加大审查违纪违法党员领导干部力度。中央反腐败协调小组加强组织协调。中央纪委认真做好信访举报受理工作，积极畅通渠道，拓宽线索来源。对掌握的反映中央管干部问题线索进行全面彻底清理，摸清底数。中纪委连续四轮听取汇报。研究制定拟立案、初核、暂存、留存和了结五类处置标准，强化审查办案全过程管理。下发加强和规范反映领导干部问题线索管理工作的通知，要求各级纪检监察机关对问题线索全面清理，执行分类处置标准。严格办案程序，完善和细化初核、立案调查等各项制度。增加纪检监察室，设立专案组，建立办案人员库，整合加强办案力量。转变办案方式，着力查清主要违纪违法事实，提高办案质量和效率。2013 年，近 2.2 万党政领导被问责。中央纪委监察部对涉嫌违纪违法的中央管干部已结案处理和立案检查的有 31 人，周镇宏、刘铁男、倪发科、王素毅、李达球、童名谦、杨琨、齐平景等八人涉嫌犯罪已被移

送司法机关依法处理；立案调查的还有蒋洁敏、李东生、李崇禧、李春城、郭永祥、季建业、廖少华、陈柏槐、郭有明、陈安众、杨刚、王永春、许杰、戴春宁等案件。

严肃查处违纪违法行为。2013 年，全国各级纪检监察机关共接受信访举报 1950374 件次，其中检举控告类 1220191 件次，立案 172532 件，结案 173186 件，处分 182038 人。其中，给予党纪处分 150053 人，给予政纪处分 48900 人，涉嫌犯罪被移送司法机关处理 9600 多人。全国检察机关共立案侦查贪污贿赂、渎职侵权等职务犯罪 5.1 万人。全国法院系统审结一审贪污贿赂案件 2.3 万件。各级纪检监察机关认真贯彻执行《关于实行党政领导干部问责的暂行规定》，积极推进问责工作。全国共问责 21464 人，其中地厅级干部 54 人，县处级干部 1477 人。中央纪委监察部直接参加四起特别重大责任事故调查处理，已查结三起（吉林吉煤集团八宝煤矿“3·29”特大和“4·1”重大瓦斯爆炸事故、山东保利民爆济南科技有限公司“5·20”特大爆炸事故、吉林长春宝源丰公司“6·3”特大火灾事故），给予党纪政纪处分 94 人，其中省部级干部 3 人、厅局级干部 14 人、县处级干部 21 人；移送司法机关处理 46 人。加强对生态环境保护领域的责任追究工作，监察部于 2013 年 10 月向社会通报了广西贺江因当地政府及有关职能部门监管不力导致江水污染等 10 起破坏生态环境责任追究典型案例。[1]

---

① 《中央纪委监察部通报 2013 年度党风廉政建设等情况》，中央人民政府网站，2014 年 1 月 11 日。

各级纪检监察机关坚持抓早抓小，建立健全早发现、早处置机制，加大函询、诫勉谈话力度，对各种渠道反映领导干部问题线索进行认真核查，及时采取约谈、函询等方式向本人和组织核实反映的问题，有反映就与当事人谈话，把问题尽快搞清楚。对失实的予以澄清，对发现的一般性问题及时教育警示，对反映的问题线索该了结的予以了结。全国各级纪检监察机关2013年共函询18095人、谈话42739人，其中作了结处理43871人。此外，做好群众来信、来访、来电和网络举报的处置工作，对实名举报优先办理、回复，对反映的问题线索认真核实。

2013年8月，中央纪委建立落实“八项规定”精神情况月报制度，要求31个省（区、市）和新疆生产建设兵团纪委每月报送有关数据。每月定期公布查处违反“八项规定”精神问题汇总表，目的是督促各地纪委加强对落实“八项规定”精神的检查，严肃查处违反“八项规定”行为，同时也是维护群众的知情权、监督权。据统计，截至2013年12月31日，全国共查处违反“八项规定”精神问题24521件，处理党员干部30420人，其中，给予党纪政纪处分7692人。中央纪委直接查办、督办、转办违反“八项规定”精神问题共252件。其中，直接查办黑龙江省副省级干部付晓光因私公款消费、造成陪酒人员“一死一伤”严重后果等5起案件，督办交通运输部综合规划司司长孙国庆公款旅游等140起案件，转办107起案件。

2013年每到重要节日等时间节点，中央纪委都会发出通知、出台禁令，从具体事情抓起，加强执纪监督。中秋国庆前，中央纪委会同中央党的群众路线教育实践活动领导小组发出通知，狠刹公款送月饼节礼、公款吃喝、公款旅游等方面的不正之风，并在中央纪委监察部网站发布公告，鼓励群众监督举报。2014年元旦、春节前，中央纪委又连续印发通知，严禁节日期间用公款购买贺年卡、烟花爆竹等年货节礼，严禁党员领导干部出入私人会所等。各级纪检监察机关坚决贯彻中央纪委部署，采取明察暗访、受理举报、媒体曝光等多种措施进行落实。中央纪委副书记、监察部部长黄树贤在新闻发布会上说，这些看上去都是些“小事”，但仔细算下来可是笔大账。中央纪委发出严禁公款购买贺年卡通知后，媒体报道说“与往年相比，贺年卡、挂历、台历销售量下降了一半左右”，“既净化了风气，又节约了财力”。[①]

① 《中央纪委监察部通报2013年度党风廉政建设等情况》，中央人民政府网站，2014年1月11日。

第二章

改革进行时

筑梦辉煌——2013年的中国

2013年面临的国内外经济环境仍然错综复杂，积极因素和隐忧并存。只有坚持改革开放才能破解这些问题，改革开放是决定当代中国命运的重要抉择，“改革开放永无止境，只有进行时没有完成时”。国务院总理李克强指出，改革是渐进式的、积累式的，既不能一蹴而就，也不能踟蹰不前，既要先易后难，也要敢于攻坚克难。对此，新一届政府一方面把握稳中求进的总基调，搞好宏观调控，统筹考虑稳增长、控通胀、防风险，保持经济平稳运行，另一方面，立足当前，着眼长远，用勇气和智慧推动转型发展，打造中国经济升级版。

一、行政体制改革

◎2013年是又一个中国政府换届年

◎首次实行城乡按相同人口比例选举全国人大代表

◎李克强说“我们将忠诚于宪法，忠实于人民”

◎国务院第一次常务会议确定了“改革时间表”

◎改革要突破固有利益格局和行政区域限制

◎我们要有壮士断腕的决心

◎国务院机构改革

◎政府职能转变

◎取消下放334项行政审批等事项

◎地方政府职能转变要重点抓好"接、放、管"

◎九个重点领域的政府信息公开

（一）新一届国家领导

2013年是中国政府换届年，要召开新一届全国人民代表大会和政协全国会议，产生新一届国家领导。

到2013年1月，从2011年上半年开始的全国新一轮县乡两级人大换届选举工作已全部完成。31个省、自治区、直辖市的2878个县（市、区）和33281个乡（镇）选举出县、乡两级人大代表，召开了新的一届人民代表大会会议，选举了县级人大常委会和县、乡两级政府领导班子组成人员。

这次县乡人大换届选举，是2010年修改《选举法》后的首次换届选举，首次实行城乡按相同人口比例选举全国人大代表，各选举单位坚持党的领导，充分发扬民主，严格依法办事，选举工作依法有序进行。选民参选率和选举成功率均较高。参加县级人大代表换届选举登记的选民达9.81亿多人，参加投票选民占登记选民的90.24％，选出县级人大代表597794人。参加乡级人大代表换届选举登记的选民达7.23亿多人，参加投票选民占登记选民的90.55％，选出乡级人大代表1942388人。县乡两级一次选举成功选区分别占选区总数的99.27％和99.29％。

换届选举产生的代表结构也进一步优化。选举结果表明，各地区、各民族、各方面都有适当数量的代表。县乡两级人大代表中，工人、农民和专业技术人员比例比上届都有所上升，妇女代表的比例也有所上升，党政干部比例分别降低 4.37%和 2.42%，少数民族和归侨代表比例依照法律规定得到保证。

根据《选举法》等法律的规定，在全国人大常委会的主持下，2012 年 12 月中旬至 2013 年 1 月，全国 35 个选举单位共选举产生了 2987 名第十二届全国人大代表。其中，少数民族代表 409 名，占代表总数的 13.69%，全国 55 个少数民族都有本民族的代表；归侨代表 35 名；连任代表 1027 名，占代表总数的 34.38%；妇女代表 699 名，占代表总数的 23.4%，与十一届相比提高了 2.07 个百分点；来自一线的工人、农民代表 401 名，占代表总数的 13.42%，提高了 5.18 个百分点，其中农民工代表数量大幅增加；专业技术人员代表 610 名，占代表总数的 20.42%，提高了 1.2 个百分点；党政领导干部代表 1042 名，占代表总数的 34.88%，降低了 6.93 个百分点。

2013 年 3 月上旬，中华人民共和国第十二届全国人民代表大会第一次会议与中国人民政治协商会议第十二届全国委员会第一次会议在北京召开。经过近半个月时间，两会圆满结束各项议程，选举产生了新一届国家领导人。

3 月 17 日，新任国务院总理李克强带领国务院新领导成员和中外记者见面。他的开场白“我们将忠诚于宪法，忠实于人民，以民之所望为施政所向。把努力实现人民对未来生活的期盼作为神圣使命，以对法律的敬畏、对人民的敬重、敢于担当、勇于作为的政府，去造福全体人民，建设强盛国家”给大家留下深刻的印象。第二天，李克强主持召开新一届国务院第一次常务会议，确定了“改革时间表”。3 月 20 日，李克强主持国务院第一次全体会议，提出要“全面正确履行政府职能”，“形成权界清晰、分工合理、权责一致、运转高效、法治保障的机构职能体系，创造良好发展环境，提供基本均等公共服务，维护社会公平正义”。短短的四天，新一届中央政府就以高效务实的开局，把依法行政的法治理念、勇于任事的改革决心充分呈现出来。

（二）国务院机构改革

十二届一次全国人大会议讨论和通过了《国务院机构改革和职能转变方案》，围绕转变职能和理顺职责关系，稳步推进大部门制改革的目标，对国务院组成机构进行了调整：铁路实行政企分开；组建国家卫生和计划生育委员会；组建国家食品药品监督管理总局；组建国家新闻出版广播电影电视总局；重新组建国家海洋局；重新组建国家能源局。

将铁道部拟订铁路发展规划和政策的行政职责划入交通运输部。交通运输部统筹规划铁路、公路、水路、民航发展，加快推进综合交通运输体系建设。组建国家铁路局，由交通运输部管理，承担铁道部的其他行政职责，负责拟订铁路技术标准，监督管理铁路安全生产、运输服务质量和铁路工程质量等。组建中国铁路总公司，承担铁道部的企业职责，负责铁路运输统一调度指挥，经营铁路客货运输业务，承担专运、特运任务，负责铁路建设，承担铁路安全生产主体责任等。不再保留铁道部。中国铁路总公司统一调度指挥铁路运输，实行全路集中统一管理，确保铁路运营秩序和安全，确保重要运输任务完成，不断提高管理水平，为人民群众提供安全、便捷、优质服务。

将卫生部的职责、人口计生委的计划生育管理和服务职责整合，组建国家卫生和计划生育委员会。主要职责是，统筹规划医疗卫生和计划生育服务资源配置，组织制定国家基本药物制度，拟订计划生育政策，监督管理公共卫生和医疗服务，负责计划生育管理和服务工作等。同时，将人口计生委的研究拟订人口发展战略、规划及人口政策职责划入发展改革委。国家中医药管理局由国家卫生和计划生育委员会管理。不再保留卫生部、人口计生委。

将食品安全办的职责、食品药品监管局的职责、质检总局的生产环节食品安全监督管理职责、工商总局的流通环节食品安全监督管理职责整合，组建国家食品药品监督管理总局。主要职责是，对生产、流通、消费环节的食品安全和药品的安全性、有效性实施统一监督管理等。将工商行政管理、质量技术监督部门相应的食品安全监督管理队伍和检验检测机构划转食品药品监督管理部门。保留国务院食品安全委员会，具体工作由食品药品监管总局承担。食品药品监管总局加挂国务院食品安全委员会办公室牌子。不再保留食品药品监管局和单设的食品安全办。

将新闻出版总署、广电总局的职责整合，组建国家新闻出版广播电影电视总局。主要职责是，统筹规划新闻出版广播电影电视事业产业发展，监督管理新闻出版广播影视机构和业务以及出版物、广播影视节目的内容和质量，负责著作权管理等。国家新闻出版广播电影电视总局加挂国家版权局牌子。不再保留广电总局、新闻出版总署。

重新组建国家海洋局，将现国家海洋局及其中国海监、公安部边防海警、农业部中国渔政、海关总署海上缉私警察的队伍和职责整合，重新组建国家海洋局，由国土资源部管理。主要职责是，拟订海洋发展规划，实施海上维权执法，监督管理海域使用、海洋环境保护等。国家海洋局以中国海警局名义开展海上维权执法，接受公安部业务指导。

重新组建国家能源局，完善能源监督管理体制。上一轮改革，组建了发展改革委管理的国家能源局。为统筹推进能源发展和改革，加强能源监督管理，将现国家能源局、电监会的职责整合，重新组建国家能源局。主要职责是，拟订并组织实施能源发展战略、规划和政策，研究提出能源体制改革建议，负责能源监督管理等。不再保留电监会。改革后，国家能源局继续由发展改革委管理。发展改革委主要是做好国民经济和社会发展规划与能源规划的协调衔接。

经过改革，国务院正部级机构减少四个，其中组成部门减少两个，副部级机构增减相抵数量不变。改革后，除国务院办公厅外，国务院设置组成部门 25 个。

这次推出六个领域的改革，凸显两个特点：第一，改革的是多年想解决而没有解决的问题。随着改革的深入，具备主客观条件了，即所谓到了该改的时候了。第二，改革的是一些突破口、是重点。使机构设置更加合理，使职能的配置更科学，从而达到改革的目的。体现了“精简、统一、效能”这一基本原则的要求。这次调整只涉及六个领域，并不是说其他的就不改了。机构改革要稳步推进，看准的要改，看不准的，或者在还没有形成一定共识的情况下，把它放一放，先把重点集中在这几个领域，把它改好了、巩固了，见到成效了，再推进下一步的改革。所以说，这次机构改革可以用八个字来概括："稳中求进，突出重点。"

（三）政府职能转变

加快转变政府职能、深化行政体制改革，是新一届政府开局要办的"第一件大事"。因为，新一届政府成立以后，面临的国内外经济形势错综复杂，经济下行压力增大；财政收入增速下滑，中央财政一度出现负增长；货币增量也难以再扩大，因为池子里的水已经很多。在这种情况下，把政府职能转变和机构改革作为开门的第一件大事，紧紧抓住不放，既作为全面深化改革的"马前卒"，又作为宏观调控的"当头炮"。所以，《国务院机构改革和职能转变方案》在大部门制改革前面用的修饰语是"稳步推进"，而在职能转变前面用的就是"加快推进"。

李克强在年初的医改座谈会上就提出"改革要突破固有利益格局和行政区域限制"。在 3 月的部分省市经济形势座谈会上他又说："要加快转变政府职能，向市场放权、为企业松绑，用政府权力的'减法'换取市场活力的'加法'。"他在回答新加坡《联合早报》记者提问时说："机构改革不易，转变职能更难，因为它更深刻。我在地方调研的时候，常听到这样的抱怨，办个事、创个业要盖几十个公章，群众说恼火得很。这既影响了效率，也容易有腐败或者叫寻租行为，损害了政府的形象。所以必须从改革行政审批制度入手来转变政府职能。现在国务院各部门行政审批事项还有 1700 多项，本届政府下决心要再削减三分之一以上。”“不是说政府有错位的问题吗？那就把错装在政府身上的手换成市场的手。这是削权，是自我革命，会很痛，甚至有割腕的感觉，但这是发展的需要，是人民的愿望。我们要有壮士断腕的决心，言出必行，说到做到，决不明放暗不放，避重就轻，更不能搞变相游戏。”

2013 年 3 月 18 日，国务院第一次常务会议讨论通过国务院直属机构和单位的设置；批准组建国家食品药品监督管理总局、国家新闻出版广电总局、国家铁路局，重新组建国家海洋局、国家能源局，并讨论通过国家食品药品监督管理总局和国家铁路局主要职责、内设机构、人员编制“三定”规定，要求在本年 6 月底前完成其他新组建机构和职能调整机构的“三定”规定。在机构改革过程中，要严肃改革纪律，严控人员编制和领导职数，确保各项工作平稳有序。[①]

会议研究确定实施《国务院机构改革和职能转变方案》的任务分工，将《方案》内容分解细化为 72 项任务，逐项明确了责任部门和完成时限。明确《方案》具有法律效力，必须不折不扣地贯彻落实，加快建设职能科学、结构优化、廉洁高效、人民满意的政府。各部门要切实转变观念，从大局出发，

① 2013 年 5 月 6 日，国务院常务会议讨论通过国家卫生和计划生育委员会、国家能源局、国家海洋局主要职责、内设机构、人员编制“三定”规定。

抓紧开展相关工作，突出重点、分批实施、逐步推进。

会议提出要在当年以一批实实在在的成果让人民群众见到实效，具体思路是：

1. 减少和下放一批投资审批事项，对确需审批、核准、备案的项目，要简化程序，限时办结。发布新修订的政府核准投资项目目录。

2. 下放一批国家采用补助、贴息等方式扶持地方的项目。

3. 取消和下放一批生产经营活动和产品物品的许可事项，取消一批对各类机构及其活动的认定等非许可审批事项，取消一批资质资格许可事项。

4. 除法律、行政法规或国务院有明确规定的外，取消达标、评比、评估和相关检查活动。

5. 减少、合并一批财政专项转移支付项目，下放一批适合地方管理的专项转移支付项目。

6. 提出将注册资本实缴登记制改为认缴登记制等放宽工商登记条件的方案。

7. 取消一批行政事业性收费和政府性基金项目。

8. 出台规范非许可审批项目设定和实施的具体办法，抓紧制定对行业协会商会类、科技类、公益慈善类、城乡社区服务类社会组织实行民政部门直接登记制度的方案。

9. 整合房屋、林地、草原和土地登记的职责。整合城镇职工基本医疗保险、城镇居民基本医疗保险、新型农村合作医疗的职责。

会议强调，政府职能转变是深化行政体制改革的核心，也是发展市场经济、法治经济的保障。要把职能转变作为新一届国务院工作开局的关键，把减少行政审批作为职能转变的突破口。大幅减少和下放行政审批事项，真正向市场放权，发挥社会力量作用，减少对微观事务的干预，激发经济社会发展活力，从根本上遏制行政审批边减边增问题，严格事中事后监管，管住管好政府该管的事。同时，改善和加强宏观管理，把更多精力集中到事关长远和全局的重大事项上来，提高政府管理科学化水平。

经过一个多月紧张而扎实的工作，国务院职能转变取得了进展。5月6日，国务院常务会议决定，取消和下放一批行政审批项目等事项，共计133项。其中，4月25日公布的第一批71项取消和下放的行政审批项目重点是投资和生产经营活动项目，20项下放管理层级行政审批项目，10项取消评比达标表彰项目，3项取消行政事业性收费项目，13项取消或下放管理层级的机关内部事项和涉密事项（按规定另行通知）。另有16项拟取消或下放的行政审批项目是依据有关法律设立的，国务院将依照法定程序提请全国人民代表大会常务委员会修订相关法律规定。这些职能转变充分体现了减少和下放投资审批事项，减少和下放生产经营活动审批事项，减少资质资格许可和认定，取消不合法不合理的行政事业性收费和政府性基金项目的改革精神。正如国务院强调的，改革重在行动，要扎扎实实、不停顿地向前推进。当前形势下，稳定增长、防控通胀、化解风险，努力打造中国经济升级版，迫切需要在深化改革上下功夫、出实招。要把已经看准、具备条件、牵一发动全身的改革项目抓紧推出，干一件成一件，不断释放改革的制度红利，激发社会活力，增强发展动力。

李克强在总结这一个多月的职能转变时说：转变政府职能，是在当前形势下稳增长、控通胀、防风险，保持经济持续健康发展的迫切需要和重大举措，也是经济社会发展到这一阶段的客观要求。“开弓没有回头箭，下一步还要继续推进，以更大的勇气和智慧，坚决打好这场攻坚战。”他指出，行政审批制度改革是转变政府职能的突破口，是释放改革红利、打造中国经济升级版的重要一招，今年要开好头。一要以简政放权稳增长。市场主体是社会财富的创造者，是经济发展内生动力的源泉。要发挥市场配置资源的基础性作用，进一步打开转变政府职能这扇大门，激发市场主体发展活力和创造力，这是不花钱能办事、少花钱多办事的“良方”。要最大限度减少对生产经营活动、一般投资项目和资质资格等的许可、审批，切实防止审批事项边减边增、明减暗增。二要以简政放权推转型。把稳当前和增后劲结合起来，加快体制机制创新，使企业和产业在公平的市场竞争中优化升级，为转型提供“源头活水”。三要以简政放权促就业。稳增长、促发展从根本上讲是为了扩大就业。要加快企业工商登记等制度改革，大力发展中小微企业和服务业，提供更广就业门路、更多就业机会。同时，要调动中央和地方两个积极性，发挥地方政府贴近基层的优势，把由地方实施更有效的审批事项，坚决下放给地方。

到2013年11月，已取消下放334项行政审批等事项，简政放权成为深化改革的“马前卒”和宏观调控的“当头炮”，成效不断显现。2013年以来全国各类企业登记数比去年同期增长25%，其中民营个体企业增长37%，带动了民间投资以23%左右的速度增长，社会投资和创业热情迸发，经济出现稳中向好。

地方政府职能转变和机构改革工作也很快提上日程。11月1日，地方政府职能转变和机构改革工作电视电话会议在北京召开。李克强在讲话中指出，从当前看，稳增长的压力仍然很大，财政收入的增速不高，而改善民生的刚性支出不能减，甚至在有些方面还需增加。经济发展靠财政支出和政府投资，靠中央再多打赤字、多增发票子，已经受到很大限制，这方面的政策空间很有限了。从长远看，各地要实现经济持续健康发展，再继续走老路，靠政府扩大债务、单纯经营土地，靠高投入、高消耗、高排放，也会形成过剩产能，肯定走不长，也走不通。即便短期有效，长期代价也很大。所以，对各级政府来说，无论是当前稳增长，还是长远谋发展，都要靠改革创新。这就必须加快转变政府职能，下决心破除审批多、办证多、收费多、罚款多的体制机制障碍，把推动发展的着力点放到发挥企业、市场、社会力量的作用上来。

做好政府改革这篇大文章，要上下联动。中央政府改革是上篇，地方政府改革是下篇。地方政府改革是整个政府改革的大头。地方政府直接与企业接触，直接联系人民群众，市场主体和人民群众的权益也主要通过地方政府去实现、维护和发展。在整个政府体系中，地方政府作用十分重要，我国90%以上的公务员、85%左右的财政最终支出是在地方。尤其是基层政府，属于通常讲的“最后一公里”。政府机构改革能不能达到预期目的，职能转变能不能落实，很大程度上取决于地方政府。许多企业家认为，中央政府下放了许多权力，下一步还要看地方，如果地方政府改革不及时跟进，简政放权的效果就会大打折扣。在当前情况下，要稳增长，简政放权是一个极为重要的手段。稳增长也是为了保就业。简政放权、取消和下放行政审批事项，激发市场活力，让企业、社会更有创造力，就可以带动更多的就业。如果上动下不动、头转身不转，政府职能转变和机构改革就可能变成“假改”“虚晃一枪”。2013 年 5 月以来，各地新一轮简政放权取得积极成效，但受地方和部门利益影响，也出现了一些“错放、空放、乱放”等现象。有的只下放复杂的、管理责任大的，“含金量”较高的仍然留在手中；有的放权有水分，动辄上百项，但“干货”不多。这里要强调的是，在改革过程中，各地要有全局观、大局观，不能打“小算盘”“小九九”，更不允许“走过场”“变戏法”，确保简政放权真正到位、见效。

李克强要求，地方政府职能转变要重点抓好“接、放、管”。

接，就是接好中央下放的审批事项。中央明令取消的，要不折不扣地放给市场、社会，不得截留。

放，就是把地方本级该放的权力切实放下去、放到位，特别是对不符合法律规定、利用“红头文件”设定的管理、收费、罚款项目应一律取消，决不能打“小算盘”、搞“小九九”，防止“上动下不动、头转身不转”。

管，就是把该管的管起来、管到位。在减少事前审批的同时，加强事中事后监管，规范监管行为，克服随意性，着力构建统一开放、公平竞争的市场环境，让创业“火”起来。对假冒伪劣、坑蒙拐骗，尤其是损害人民生命健康的食品安全等领域违法违规行为，要严惩不贷。建立健全“黑名单”制度，让违法者付出承受不起的代价。要加强保障民生的基本公共服务，保住基本、补上短板、兜好底线，促进社会公正。

李克强指出，古人说，“善政必简”。这次地方政府机构改革，要着力搞好“控、调、改”。

控，就是严控地方政府机构编制总量，确保财政供养人员只减不增。本届政府组建半年多，一些地区和部门又陆续提出增编要求，不控制将难以为继。现在机构编制总量已经很大，叠床架屋，效率低下，甚至滋生腐败，影响政府形象，也影响努力工作的公务人员的积极性，最终损害的是人民群众的利益。

调，就是调整优化机构编制结构。现在机构编制不是总量不够，而是结构不合理，机构编制资源没有配置好。一方面，需要加强的重点领域和关键环节，有的人手不够，该管的甚至没人管；另一方面，已经弱化的领域，机构编制没有及时减下来，造成人浮于事。在严控总量的情况下，调整优化机关和事业单位机构编制结构，潜力很大。现在有些机关上面很大、下面很细，成了鸵鸟。各地要下决心，该加强的加强，该弱化的弱化，特别要加强基层、加强一线，把上级机关“瘦身”与基层一线“强身”统筹考虑，把编制结构调整好。

改，根本上还是要靠深化改革、创新管理。从多年经验看，不改革、不创新，就很难跳出“精简——膨胀——再精简——再膨胀”的怪圈。近年来一些地方在推进机构改革上进行了积极有效的探索。有的地方推行大部门制改革，整合多个部门的市场监管职能和资源，构建统一的大市场监管体系，提升了服务管理水平和效率。有的地方实行编制实名制，对编外的、混编的都明确登记在册，并且向社会公开，让社会监督，从制度和管理上解决“吃空饷”、在编不在岗、虚报冒领财政资金等问题。这些方面的改革，各地要继续大胆探索，及时总结经验加以推广。中央各部门不得以任何形式干预地方机构设置和编制调整。

李克强最后说，地方政府改革是一场自我革命，涉及面广、触及利益深。各地要按照中央的统一部署，把这项改革作为一项重要工作。要民意为先、舍利为公，敢啃“硬骨头”，义无反顾、一抓到底。要与开展党的群众路线教育实践活动结合起来，与贯彻落实中央“八项规定”结合起来，实现相互推动、相互促进。省级党委政府要负总责，主要领导要亲自抓，加强对本地区改革的指导和督促检查。各级政府要认真制定改革方案，明确改革的时间节点和任务分工，强化责任，遇到重大问题及时向中央报告。中央有关部门要加强指导、协调和督查。要严格机构编制纪律，对违反纪律的，要严肃查处。

怎样评估政府职能转变的成效？用李克强的话说，原来以为，通过取消和下放审批事项激发市场活力要有一个过程，实际上这样一个强烈的信号发出后，对市场的预期、市场的活力、社会资本的调动，虽然不能说立竿见影，但已初见成效。社会投资和创业热情迸发，加快改革与调整结构叠加的效果，超出人们的预期。这也是三季度经济稳中向好的一个重要因素。[1]

（四）推进政府信息公开

依法实施政府信息公开是人民政府密切联系人民群众、转变政风的内在要求，是建设现代政府、提高政府公信力和保障公众知情权、参与权、监督权的重要举措。上半年，国务院已对今年政府信息公开重点工作作出部署。要采取配套措施，加强相关制度和平台建设，使政府经济社会政策透明、权力运行透明，让群众看得到、听得懂、能监督，这也有利于稳定市场预期和改变一些地方、部门在信息公开上不主动、不及时，以及面对公众关切不回应、不发声的现象。

2013 年 7 月 1 日，国务院办公厅经国务院同意，印发《当前政府信息公开重点工作安排》，并要求各地各部门认真贯彻落实。根据《工作安排》，共有九个重点领域的信息需公开。

第一，行政审批信息公开。重点围绕投资审批、生产经营活动审批、资质资格许可、工商登记审批等方面，及时公开取消、下放以及实施机关变更的行政审批项目信息。推进审批过程和结果公开，重点做好涉及人民群众切身利益、需要社会公众广泛知晓或参与的行政审批项目审批过程、审批结果公开工

① 《人民日报》2013 年 11 月 2 日。

作。推进行政许可信息公开，包括许可的事项、依据、条件、数量、程序、期限以及申请时需要提交的全部材料目录，重点做好行政许可办理情况的信息公开工作。

第二，财政预算决算和“三公”经费公开。进一步加大“三公”经费、国有资本经营预算和财政审计信息公开力度。在2012年工作基础上，2013年要进一步细化公开中央部门“三公”经费，“三公”经费预算决算总额和分项数额增长的中央部门，要细化说明增长的原因。细化中央部门2014年预算编制，将公务用车购置和运行费细化公开为购置费和运行费。各省（区、市）政府要全面公开省本级“三公”经费，并指导督促省级以下政府加快“三公”经费公开步伐，争取2015年之前实现全国市、县级政府全面公开“三公”经费。国有资本经营预算公开。中央国有资本经营支出预算要在2012年按款级科目公开的基础上，进一步细化公开至项级科目。三是推进财政审计信息公开。在继续做好中央预算执行和其他财政收支审计查出问题公开工作的基础上，各部门各单位要全面主动公开整改情况，进一步提升中央预算执行和财政收支审计工作情况公开的透明度和全面性。

第三，保障性住房信息公开。在2012年工作基础上，2013年所有市、县级政府都要按要求公开保障性安居工程建设、分配和退出信息。地级以上城市，要及时公开外来务工人员纳入当地住房保障范围的政策措施和实施情况。

第四，食品药品安全信息公开。切实做好食品药品安全热点问题信息公开工作，及时客观准确规范发布有关信息，同步公布已经采取的处理措施和进展情况。加大食品药品行政审批、执法检查、案件处理、查缉走私等政府信息公开力度，建立食品药品违法违规企业“黑名单”公开制度。做好重点整治工作信息公开，围绕婴幼儿配方乳粉、乳制品、保健食品等公众尤其关注的问题，公开重点治理整顿的相关信息。

第五，环境保护信息公开。一是推进空气质量和水质环境信息公开。扩大公开细颗粒物（PM2.5）、臭氧等空气质量新标准监测信息的城市数量，在继续做好目前74个城市监测信息发布的基础上，新增116个城市公开空气质量新标准监测信息，公布重点城市空气质量排名。继续做好重点流域断面水质数据、地表水水质自动监测数据等信息公开工作，加大集中式饮用水水源地水质状况等信息的公开力度。二是推进建设项目环境影响评价信息公开。主管部门要明确相关要求，指导全国环保部门实行环评受理、审批和验收全过程公开。三是推进环境污染治理政策措施和治理效果信息公开。加大地方政府环境污染治理政策措施的信息公开力度，及时公开排污单位环境监管信息，督促排污单位公开污染治理效果。强制公开重污染行业企业环境信息。四是推进减排信息公开。继续做好重点减排工程建设和进展情况信息公开工作，加强全国主要污染物排放情况信息公开，及时发布总量减排核查结果。

第六，安全生产信息公开。各级政府负责处置的生产安全事故，都要进一步加大信息公开力度。一是加强调查处理信息公开。除依法应当保密的内容外，在继续做好特别重大事故调查报告公开工作的基础上，重点推进重大事故调查报告公开工作，进一步提高较大事故调查处理结果和调查报告的公开比例。2014年，要实现重大事故调查报告全面公开。二是加大生产安全事故应对处置信息公开力度。负责组织事故处置、救援的有关地方人民政府要及时准确发布本级政府处置的生产安全事故抢险救援进展等信息。三是加大安全生产预警和预防信息公开力度。及时发布可能引发事故灾难的自然灾害风险信息和重大隐患预警信息，着力提高信息发布的时效。

第七，价格和收费信息公开。一是着力做好政府定价目录和行政事业性收费目录公开工作。加强全国性及中央部门和单位行政事业性收费项目目录公开，督促地方政府全面公开本地区政府定价目录和行政事业性收费目录。二是加大价格和收费监管信息公开力度。重点做好涉及教育、交通运输、农民负担、医疗、房地产市场、旅游市场等民生领域价格和收费监管信息的公开工作，对社会影响大、公众反映强烈的价格违法案件，要及时公布查办情况。

第八，征地拆迁信息公开。一是推进征地信息公开。在依法依规做好征地报批前告知、确认、听证，征地批准后征地公告、征地补偿登记和征地补偿安置方案公告的基础上，重点推行征地信息查询制度，方便公众查询征地批复、范围、补偿、安置等相关信息。二是进一步加强房屋征收与补偿信息公开。在继续做好房屋征收补偿方案、补偿标准、补偿结果信息公开的基础上，重点做好房屋征收决定、补助奖励政策和标准在征收范围内公布，征收房屋调查结果、初步评估结果、补偿情况在征收范围内向被征收人公布工作，实行阳光征收。

第九，以教育为重点的公共企事业单位信息公开。一是进一步扩大高校招生信息公开范围。重点加强招收保送生、具有自主选拔录取资格考生、高水平运动员、艺术特长生等有关政策和信息的公开工作，加大对考生资格及录取结果的公开公示力度。二是加大高校财务信息公开力度。推动各高校公开预算决算信息，并细化公开至项级科目。三是逐步扩展公共企事业单位信息公开范围。重点做好推进医疗卫生机构、科研机构、文化机构和国有企业信息公开的研究工作。

《工作安排》不仅提出推进信息公开的领域，还明确了各个领域牵头落实的单位。

“行政审批信息公开”由中央编办牵头落实。

“财政预算决算和‘三公’经费公开”由财政部、审计署分别牵头落实。

“保障性住房信息公开”由住房城乡建设部牵头落实。

“食品药品安全信息公开”由食品药品监管总局牵头落实。

“环境保护信息公开”由环境保护部牵头落实。

“安全生产信息公开”由安全监管总局牵头落实。

“价格和收费信息公开”由发展改革委、财政部按职责分工牵头落实。

“征地拆迁信息公开”由国土资源部、住房城乡建设部牵头落实。

“以教育为重点的公共企事业单位信息公开”由教育部、卫生计生委、科技部、文化部、国资委分别牵头落实。

9月18日，李克强主持召开国务院常务会议研究部署进一步加强政府信息公开工作。

会议要求，一要完善政府部门新闻发言人制度，使之成为政务信息公开的重要制度安排。各地区各部门要采取多种形式，加强新闻发布。了解民情民意，对社会密切关注的宏观经济、民生等重要信息，增加发布频次。二要主动回应社会关切。重要政策、法规出台后，要通过多种方式做好科学解读，让公众更好地知晓、理解政府经济社会发展政策和改革举措。对重要舆情和社会热点问题，要积极回应、解疑释惑，并注意把人民群众的期盼融入政府决策和工作之中。三要强化责任，抓好落实。把政务信息公开作为依法行政的重要内容，加强督查问责，着力提高实效。发挥好各级政府网站及时、权威、全面、准确发布政务信息的平台作用，认真办好热线电话，努力增强提升政府公信力、社会凝聚力的“软实力”。

二、深化经济体制改革

◎改革贵在行动，喊破嗓子不如甩开膀子

◎要让改革的红利更多地落在百姓身上

◎扩大营业税改征增值税试点

◎从完善基本药物采购配送和基本药物使用和监管做起

◎《药品经营质量管理规范》出台

◎进一步支持小型微型企业健康发展

◎解决小微企业融资难和降低赋税是关键所在

◎《关于化解产能严重过剩矛盾的指导意见》

◎促进产业转型升级

◎设立中国（上海）自由贸易试验区

（一）医改新政

2013年新年伊始，1月5日下午召开医改领导小组会议。与历次会议不同的是，会前，李克强抽出50分钟时间，专门听取了来自最基层的18名乡村医生座谈，参加座谈的都是到北京出席中央电视台“最美乡村医生”颁奖典礼的代表。中国当前有110多万乡村医生，李克强十分关心他们的境况。有关方面负责人汇报了乡村医疗卫生机构改革发展情况，从贵阳市自愿到黔西南州山村当村医的钟晶谈了村医面临的风险大、收入低、培训少等方面的问题，其他代表也纷纷谈了自己行医的困难和建议。

李克强要求有关部门就反映的问题去实地调查，对村医的收入政策要落实到位、不留缺口；对大家普遍担心的医疗风险问题，要研究建立相关机制，解除后顾之忧。他说，大家的意见对深化医改很有意义。新一轮医改实施三年多了，改革的重点就是保基本、强基层、建机制，这几个方面都与你们密切相关，也正是通过广大医务人员特别是基层医生的辛勤努力，医改取得了明显成效，国家这项惠民工程的好处才真正落到了基层广大群众的身上。我们的医疗卫生事业还要继续向前发展，医改还要不停歇地向纵深推进，最基层的医疗卫生服务是整个医疗卫生服务的“网底”，只能加厚加牢而不能削弱。乡村医生是这个“网底”的卫士，要帮助他们改善执业条件、解决实际困难，留住他们，保障“网底”不破。李克强说，你们身处交通不便、条件艰苦的地区，做的是最崇高的事业，付出了常人难以想象的艰辛，风里雨里随叫随到，被称为“乡村120”。悬壶济世、医者仁心，在大家身上得到了充分体现，你们是在行大道，你们是感动大众的人。

座谈会后，李克强接着主持召开医改领导小组第十二次全体会议。李克强特意将其中的三位代表与北京友谊医院、朝阳医院两个公立医院医改试点单位的院长一并请到会场，与国务院医改领导小组共同商讨这两份事关亿万人民健康福祉的纲领性文件。会议听取了公立医院改革有关情况汇报，讨论和审议了《关于巩固完善基本药物制度和基层运行新机制的意见》《关于建立疾病应急救助制度的指导意见》。会上，李克强把与乡村医生座谈时他们反映的问题通报给大家，他说，今天我们专门邀请了公立医院改革试点医院负责人和基层村医代表参会，请他们提意见和建议，这样可以使政策更有针对性和可行性。将他们普遍反映的“收入低、医疗风险大、没有养老保险、缺乏学习培训机会”等四大困难带到会上。他要求医改办工作人员，要深入到这些村医所在的“最边远、最贫困、最艰难”的地区，“一个一个进行落实”，负责解决他们切实存在的困难。只有他们的困难得到解决，才能推动这一群体长年存在的问题逐步解决。李克强指出，我国医改正在向纵深推进，“十二五”时期将从打基础向提质量转变，从搭框架向建制度转变，从试点探索向全面推进转变，逐步建立适应人民健康需要、符合中国国情的医药卫生制度。要在巩固覆盖面的基础上提高保障水平，特别是要推进大病保险、医疗应急救助等制度的建立和完善，人最宝贵的是生命和健康，要坚决防止“等钱救命”等冲击社会道德底线的现象发生。要推进和扩大公立医院改革试点，通过创新体制增强活力。要发挥社会力量和市场机制作用，打破行政区域限制，推动医疗资源有机结合，建立合理分级诊疗模式，更好、更有效地服务群众，向改革要利益、要效益。李克强说，医疗卫生体制改革，关系到人民的健康，也关系到居民的消费，既是民生问题，也是发展问题，因而要充分听取和尊重基层的声音。在先后听取了“最美乡村医生”、公立医院医改试点单位院长以及国务院医改领导小组部分成员有关困难、经验和情况的介绍后，李克强总结说：“我们说，改革是中国最大的红利，而现在就是要让这个‘利’，更多地落在百姓身上。激发改革这个最大的红利，目的是要让人民群众普遍受到实惠。过去三年的医改就是按照这个目标进行的，从最需要医疗帮助的广大人民群众着眼，去推进改革。”

1 月 20 日，国务院办公厅正式印发《关于巩固完善基本药物制度和基层运行新机制的意见》。《意见》在保持基层医改政策的连续性稳定性的基础上，从基本药物采购配送、基本药物使用监管、多渠道补偿机制等七个方面，对基层医改中出现的一些新情况新问题提出了相应的政策措施。

在完善基本药物采购配送方面，《意见》指出，要坚持以省（区、市）为单位网上集中采购，落实招采合一、量价挂钩、“双信封”制等制度。“双信封”制评价中，经济技术标评审将企业通过《药品生产质量管理规范（2010 年版）》（GMP）

认证作为质量评价重要指标；商务标评审对竞标价格明显偏低的药品进行综合评估，避免恶意竞争。

在完善基本药物采购配送，基本药物使用和监管，以及深化编制、人事和收入分配改革方面，《意见》指出，要引导基层医务人员规范使用基本药物，鼓励非政府办基层医疗卫生机构使用基本药物。对基本药物实行全品种覆盖抽验和从生产出厂到使用全程电子监管，抽验结果定期向社会发布。收入分配要向工作一线、关键岗位、业务骨干、贡献突出等人员倾斜，严禁将医务人员收入与药品和医学检查收入挂钩。

在完善稳定长效的多渠道补偿机制，以及提升基层医疗卫生服务能力方面，《意见》指出，要落实财政对基层医疗卫生机构的专项补助经费，完善财政对基层医疗卫生机构运行的补助政策。要明确基层医疗卫生机构基本功能，诊疗科目、床位数量、科室设置、人员配备、基础设施建设和设备配置要与其功能定位相适应。在全面实施一般诊疗费方面，《意见》指出各地结合实际合理确定基层医疗卫生机构一般诊疗费标准，原则上十元左右。在发挥医保支付的补偿作用方面，《意见》指出要合理确定医保支付范围和支付标准，医保支付比例向基层医疗卫生机构倾斜，鼓励使用中医药服务。

在稳定和优化乡村医生队伍以及加强基层医疗卫生服务监管方面，《意见》指出，要明确村卫生室和乡镇卫生院的基本公共卫生服务任务分工和资金分配比例，原则上将40%左右的基本公共卫生服务任务交由村卫生室承担。对有过度医疗、不合理使用抗生素等违规行为的机构及人员，严格按规定予以处罚；严厉查处没有按照规定实行基本药物零差率销售的基层医疗卫生机构。

国务院医改办要求《意见》出台后各省（区、市）政府要尽快制订实施方案，并报国务院医改办、卫生部、财政部、人力资源社会保障部备案。国务院医改办将会同有关部门定期开展督导检查，对工作滞后的进行约谈，确保各项政策落到实处。

两天后，1 月 22 日新修订的《药品经营质量管理规范》（以下简称药品 GSP）经卫生部部务会通过并正式发布，并于 2013 年 6 月 1 日起正式实施。

药品 GSP 的修订是我国药品流通监管政策的一次较大调整，是对药品经营活动所应当具备的条件和规范要求的一次较大提升。与现行规范相比，新修订的药品 GSP 对企业经营质量管理要求明显提高，有效增强了流通环节药品质量风险控制能力。

药品 GSP 是企业药品经营管理和质量控制的基本准则。现行药品 GSP 自 2000 年颁布实施后，经过十年的实践，对提高药品经营企业素质，规范药品经营行为，保障药品质量安全起到了十分重要的作用。但随着我国经济与社会的快速发展，现行药品 GSP 已不适应药品流通发展和药品监管工作要求。从 2005 年起，国家食品药品监管局着手开展调查研究，探索在药品 GSP 修订中贯彻科学监管理念，有效提高监管工作效能，并于 2009 年正式启动修订工作。在修订过程中，国家食品药品监管局广泛借鉴了世界卫生组织以及美国、欧盟等发达国家和地区药品流通监管政策，全面调查了我国药品流通行业状况，广泛征求各方意见，最终形成了药品 GSP 修订草案，经卫生部部务会审议通过并正式发布实施。

此次修订明确了“全面推进一项管理手段、强化两个重点环节、突破三个难点问题”的目标。一项管理手段就是实施企业计算机管理信息系统，两个重点环节就是药品购销渠道和仓储温湿度控制，三个难点就是票据管理、冷链管理和药品运输。

新修订的药品 GSP 集现行药品 GSP 及其实施细则为一体，增加了许多新的管理内容。如吸收了供应链管理的观念；增加了计算机信息化管理、仓储温湿度自动监测、药品冷链管理等管理要求；引入了质量风险管理、体系内审、设备验证等新的管理理念和方法。新修订的药品 GSP 按照完善质量管理体系的要求，从药品经营企业的人员、机构、设施设备、体系文件等质量管理要素各个方面，对采购、验收、储存、养护、销售、运输、售后管理等环节都做出了新的规定。

新修订的药品 GSP 在保障药品质量的同时，也提高了市场准入门槛。软件方面，新修订的药品 GSP 明确要求企业建立质量管理体系，设立质量管理部门或配备质量管理人员，并对质量管理制度、岗位职责、操作规程、记录、凭证等一系列质量管理体系文件提出详细要求，并强调了文件的执行和实效；提高了企业负责人、质量负责人、质量管理部门负责人以及质管、验收、养护等岗位人员的资质要求。硬件方面，新修订的药品 GSP 全面推行计算机信息化管理，着重规定计算机管理的设施、网络环境、数据库及应用软件功能要求；明确规定企业应当对药品仓库采用温湿度自动监测系统，对仓储环境实施持续、有效的实时监测；对储存、运输冷藏、冷冻药品要求配备特定的设施设备。

针对药品监管中的薄弱环节，新修订的药品GSP增设了一系列新制度。针对药品经营行为不规范、购销渠道不清、票据管理混乱等问题，新修订的药品GSP明确要求药品购销过程必须开具发票，出库运输药品必须有随货同行单（票）并在收货环节查验，物流活动要做到票、账、货相符，以达到规范药品经营行为，维护药品市场秩序的目的。针对委托第三方运输，新修订的药品GSP要求委托方应当考察承运方的运输能力和相关质量保证条件，签订明确质量责任的委托协议，并要求通过记录实现运输过程的质量追踪，强化了企业质量责任意识，提高了风险控制能力。针对冷链管理，新修订的药品GSP提高了对冷藏、冷冻药品的储运设施设备的要求，特别规定了此类药品在运输、收货等环节的交接程序和温度监测、跟踪、查验等要求，强化了高风险品种的质量保障能力。

新修订的药品GSP与医改“十二五”规划及药品安全“十二五”规划等新政策紧密衔接。国家食品药品监管局为新修订的药品GSP实施设置了三年过渡期。到2016年规定期限后，对仍不能达到新修订的药品GSP要求的企业，将依据《药品管理法》的有关规定停止其药品经营活动。国家食品药品监管局将及时出台具体实施步骤，严格监督实施新修订的药品GSP，进一步加强药品经营质量管理，规范药品经营行为，切实保障公众用药安全有效。

（二）进一步扩大营业税改征增值税试点

2013年4月10日，李克强主持召开国务院常务会议，决定进一步扩大营业税改征增值税试点，并逐步在全国推行。会议认为，实行"营改增"是推进财税体制改革的"重头戏"。具体措施是，第一，扩大地区试点，自2013年8月1日起，将交通运输业和部分现代服务业"营改增"试点在全国范围内推开，适当扩大部分现代服务业范围，将广播影视作品的制作、播映、发行等纳入试点。据测算，全部试点地区2013年企业将减轻负担约1200亿元。第二，扩大行业试点，择机将铁路运输和邮电通信等行业纳入"营改增"试点。① 力争"十二五"期间全面完成"营改增"改革。

增值税自1954年在法国开征以来，因其有效地解决了传统销售税的重复征税问题，被世界其他国家迅速采用，已有170多个国家和地区开征了增值税，征税范围大多覆盖所有货物和劳务。我国1979年引入增值税，最初仅在襄樊、上海、柳州等城市的机器机械等5类货物试行。1984年国务院发布增值税条例（草案），在全国范围内对机器机械、汽车、钢材等12类货物征收增值税。1994年税制改革，将增值税征税范围扩大到所有货物和加工修理修配劳务，对其他劳务、无形资产和不动产征收营业税。2009年，为了鼓励投资，促进技术进步，在地区试点的基础上，全面实施增值税转型改革，将机器

① 12月12日，国务院常务会议决定，从2014年1月1日起铁路运输和邮政业适用11%的税率。

设备纳入增值税抵扣范围。2011 年 11 月 17 日，财政部、国家税务总局正式发布了《营业税改征增值税试点方案》，决定自 2012 年 1 月 1 日起在上海市交通运输业和部分现代服务业开展营业税改征增值税试点。改革试点将我国增值税税率档次由目前的两档调整为四档。在现行增值税 17％标准税率和 13％低税率基础上，新增 11％和 6％两档低税率。租赁有形动产等适用 17％税率，交通运输业、建筑业等适用 11％税率，其他部分现代服务业适用 6％税率。自 2012 年 1 月 1 日在上海率先启动试点以来，试点地区已扩大到北京（京专卖店）、天津、江苏、浙江、宁波、安徽、福建、厦门、湖北、广东、深圳等 12 个省、直辖市、计划单列市。

按照税制体制改革的总体思路，我国“营改增”分为三步走：第一步（专卖店），在部分行业部分地区进行“营改增”试点。上海作为首个试点城市 2012 年 1 月 1 日已经正式启动“营改增”；第二步，选择部分行业在全国范围内进行试点；第三步，在全国范围、全行业实现“营改增”，即全面取消营业税。最快有望在“十二五”期间全面完成“营改增”。

不难看出，从步骤上看，第二步是关键的一步，承上启下。从时间上看，似乎又有些快了，2012 年实行“营改增”试点，刚刚过去一年，国务院又马不停蹄地在 2013 年部署进一步扩大营业税改征增值税试点，说明税制体制改革的步伐在加快。为什么如此？因为“营改增”从政策本身说，税制得到简化和规范，有利于解决税制不统一和重复征税问题。中小规模纳税人税收负担得到减轻，促进了中小企业特别是小微企业发展。从其影响讲，一方面，有利于解决因局部地区试点导致的政策差异和税收征管风险等问题，降低企业税收成本，激发企业活力，形成新的增长点，不断扩大就业，增加居民收入，促进经济持续健康发展；另一方面，有利于优化产业结构，加快服务业特别是现代服务业发展，工业转型升级和社会专业化分工，促进三次产业融合，优化投资、消费和出口结构。

为稳妥推进“营改增”试点工作，6月28日，财政部、中国人民银行、国家税务总局发出通知，对试点期间“营改增”的预算管理相关问题进行了明确：试点期间收入归属保持不变，原归属地方的营业税收入，改征增值税后仍全部归属地方，改征增值税税款滞纳金、罚款收入也全部归属地方。按照即征即退政策审批退库的改征增值税，全部由地方财政负担。改征增值税收入不计入中央对地方增值税和消费税税收返还基数。试点期间因营业税改征增值税试点发生的财政收入变化，由中央和地方按照现行财政体制相关规定分享或分担。改征增值税试点前服务贸易出口原免征营业税部分仍由地方负担，新增加的改征增值税出口退税按照现行财政体制由中央与地方按92.5：7.5的比例负担，地方应负担的部分通过年终结算据实上解中央。

（三）小微企业发展

我国小微企业数量众多，约有600万户，绝大多数为民营企业。小微企业对推动经济发展、促进市场繁荣、不断扩大就业发挥着重要作用，小微企业还是地区区域经济的重要组成部分。

小微企业发展遇到的问题主要是：自主创新能力薄弱；产业结构有待调整；企业用工成本增加，人才缺乏；市场环境不好，消费群体有所减弱，整体消费水平不同程度下降以及资金短缺、融资难等问题。

国务院在2012年4月19日就以国发〔2012〕14号文件的形式下发《关于进一步支持小型微型企业健康发展的意见》。2013年这项工作就不再是面上推进了，而是选择重点问题为突破口。

就目前来看，小微企业存在的这些问题中，资金短缺、融资难最为突出。以内蒙古鄂尔多斯市东胜区为例。该区至少有80％以上的企业存在资金短缺、融资困难的问题，严重影响了企业的发展。主要原因有两方面。一是银行方面：商业银行为降低贷款风险普遍采用授权授信制度，实际上将贷款权利上收，基层银行的贷款权利极为有限。商业银行实行的责任人制度，使得信贷员为减少个人承担责任，不愿向中小微企业贷款。加之近年金融机构对鄂尔多斯市信贷规模收紧、审批手续严卡和以价补量政策，导致银行贷款的隐性成本较高，中小微企业从商业银行贷款的难度进一步加大。二是企业自身方面：中小微企业自身经营风险大，信息透明度不高，担保能力弱，尤其是固定资产少，难以达到银行的抵押要求，商业银行考虑到这类贷款数额小、笔数多、风险大且成本高，所以不愿提供贷款。[①]

① 《中国经济时报》2013年11月26日。

因此，解决小微企业融资难和降低赋税是关键所在。新一届政府为此出台了一系列政策。

2013年3月21日，银监会发布《关于深化小微企业金融服务的意见》，鼓励商业银行尤其是中小银行加大小微企业金融服务专营机构建设，对于小微企业授信客户数占该行所有企业授信客户数，以及最近6个月月末平均授信余额占该行企业授信余额达到一定比例以上的商业银行，允许其一次同时筹建多家同城支行，且不受“每次批量申请的间隔期限不得少于半年”的限制。

据有关资料披露，截至2013年7月末，全国小微企业贷款余额16.5万亿元，占全部贷款余额的22.5%，较年初增加1.6万亿元，比去年同期多增3533.3亿元，比各项贷款增速高6.3个百分点，继续实现“两个不低于”目标；全国小微企业贷款户数1302.2万户，较去年同期增长14.0%，小微企业金融服务覆盖面稳步拓宽。①

7月24日，李克强主持召开国务院常务会议，决定进一步公平税负，暂免征收部分小微企业增值税和营业税。会议认为，当前我国经济运行处于合理区间，要立足当前、着眼长远，发挥调结构、促改革对稳增长的积极作用，不断增强发展后劲和内生动力。要在营造公平开放便利的市场环境上多下功夫，在激发市场主体活力上多想办法，在加强薄弱环节建设上加大力度，充分发挥市场机制作用，释放改革红利，为经济持

① 《人民日报》2013年8月29日。

续健康发展注入不竭动力。

会议决定，从8月1日起，对小微企业中月销售额不超过2万元的增值税小规模纳税人和营业税纳税人，暂免征收增值税和营业税，并抓紧研究相关长效机制。这将使符合条件的小微企业享受与个体工商户同样的税收政策，为超过600万户小微企业带来实惠，直接关系到几千万人的就业和收入。国务院常务会议的这一精神，体现在7月29日财政部和国家税务总局发出的《关于暂免征收部分小微企业增值税和营业税的通知》中。

8月8日，国务院办公厅发文《关于金融支持小微企业发展的实施意见》。文件要求确保实现小微企业贷款增速和增量“两个不低于”的目标，即在风险总体可控的前提下，确保小微企业贷款增速不低于各项贷款平均水平、增量不低于上年同期水平。在继续实施稳健的货币政策、合理保持全年货币信贷总量的前提下，优化信贷结构，腾挪信贷资源，在盘活存量中扩大小微企业融资增量，在新增信贷中增加小微企业贷款份额。全面营造良好的小微金融发展环境。8月底，银监会再次发布了《中国银监会关于进一步做好小微企业金融服务工作的指导意见》，首次将小微企业贷款覆盖率、小微企业综合金融服务覆盖率和小微企业申贷获得率三项指标纳入监测指标体系，并按月进行监测、考核和通报。《指导意见》要求各银行业金融机构单列年度小微企业信贷计划，充分发挥信贷资产流转、证券化对小微企业融资的支持作用，将盘活的资金主要用于小微企业贷款，力争实现“两个不低于”目标。同时要继续强化对小微企业金融服务的正向激励，获准发行专项金融债的银行业金融机构在计算“小型微型企业调整后存贷比”时，可将该债项对应的全部小微企业贷款在分子项中予以扣除，并适度提高对小微企业不良贷款容忍度，对小微企业贷款不良率高出全辖各项贷款不良率2个百分点以内的银行业金融机构，该项指标不影响当年的监管评级。

除了在税收金融领域加大对小微企业的支持外，国务院文件对小微企业的定位也有些变化，2012年4月19日文件的表述是：“小型微型企业在增加就业、促进经济增长、科技创新与社会和谐稳定等方面具有不可替代的作用，对国民经济和社会发展具有重要的战略意义。”2013年8月8日，国务院办公厅文件的表述则是：“小微企业是国民经济发展的生力军，在稳定增长、扩大就业、促进创新、繁荣市场和满足人民群众需求等方面，发挥着极为重要的作用。加强小微企业金融服务，是金融支持实体经济和稳定就业、鼓励创业的重要内容，事关经济社会发展全局，具有十分重要的战略意义。”

（四）产业转型升级

21世纪以来，我国船舶工业发展取得显著成就，产业规模迅速扩大，中国已经成为世界最具影响力的造船大国之一。但受国际金融危机、国际航运市场持续低迷等因素影响，新增造船订单严重不足，新船成交价格不断走低，导致我国船舶工业产能过剩矛盾加剧，产业发展面临前所未有的严峻挑战。2013年1至6月，船舶行业80家重点监测企业主要经济指标均出现明显下降，其中利润总额一项下降幅度最大，同比下降53.6%。其他三项指标，即完成工业总产值、出口交货值和实现主营业务收入的下降幅度也都超15%。一个大体的说法是，1/3骨干企业生产经营正常，1/3企业任务不足，1/3企业生产难以为继。

与此同时，也要看到，我国已经建成了一批高水平的造船基础设施，上下游产业齐全，劳动力资源充裕，国内市场潜力较大。2013年上半年，全国造船完工2060万载重吨，承接新船订单2290万载重吨。6月底手持船舶订单10898万载重吨。这些数字分别占世界市场份额的39.1%、44.2%、43.1%。

造船业的问题，既有受经济周期影响的因素，也有结构性因素。所以，要勇于面对挑战，要坚定信心、抓住机遇，主动融入世界船舶工业深刻调整的大趋势，深入推进产业结构调整，加快产业转型升级。

新一届政府在成立之初就对产业转型升级高度重视，专题研究并作出部署。7月31日，国务院印发《船舶工业加快结构调整促进转型升级实施方案（2013—2015年）》。这是新一届政府针对当前形势，以调结构、促改革推进稳增长的一个重大举措。

《实施方案》明确七项主要任务：一是加快科技创新，实施创新驱动。开展船舶和海洋工程装备关键技术攻关，培育提高科技创新能力。二是提高关键配套设备和材料制造水平。重点依托国内市场需求推进关键船用配套设备、海洋工程装备专用系统和设备以及特种材料的研发、制造。三是调整优化船舶产业生产力布局。严格控制新增产能，清理整顿违规建设项目，通过优化组织结构、兼并重组、转型转产等，整合优势产能，淘汰落后产能，推进产业布局调整。四是改善需求结构，加快高端产品发展。鼓励老旧船舶提前报废更新，加快发展海洋工程装备和高技术船舶，加强行政执法和公务船舶配置，实施渔船更新改造，推动船舶工业产品结构升级。五是稳定国际市场份额。鼓励金融机构加大信贷融资支持力度，支持企业开拓国际市场、引进核心人才和团队，开展海外产业重组和全球产业布局。六是推进军民融合发展。促进军民科研条件、资源、成果共享。七是加强企业管理和行业服务。引导船舶企业全面加强管理，加强船员队伍建设；发挥行业协会和专业机构在信息、技术、培训等方面的重要作用。

其中第三条提出，要严控新增产能，整合优势产能，淘汰落后产能。从当前化解产能过剩的角度出发，一方面遏制低水平重复投资，另一方面即使行业处于“寒冬”，还要重点发挥市场的力量优胜劣汰，对一些优势骨干企业仍然要加强引导，发挥大企业在结构调整中的主导作用。

第四、五条则侧重于如何解决船舶市场的内外需问题，引导企业向高端产品发展，加快发展海洋工程和高技术船舶，推动产品结构升级，并鼓励企业进一步迈向国际市场，开展海外重组和全球产业布局。

《实施方案》同时提出了支持船舶工业结构调整和转型升级的政策。这些政策包括：调整延续实施促进老旧运输船舶和单壳油轮提前报废更新政策至 2015 年 12 月 31 日。鼓励老旧远洋、沿海运输船舶提前报废并建造符合国际新规范、新公约、新标准要求的绿色环保型船舶。支持海上行政执法船舶以及救助打捞、资源调查、科学考察等公务船舶建造，支持航海保障设施、设备的配备，支持海洋渔船更新改造，满足船舶建造和更新改造资金需求。鼓励金融机构加大船舶出口买方信贷资金投放，对在国内骨干船厂订造船舶和海洋工程装备的境外船东提供出口买方信贷。鼓励银行业金融机构积极拓展多元化融资渠道，通过多种方式募集资金。

经过多年发展，我国船舶工业已经形成了原材料配套强、劳动力素质高、制造业体系完备等综合竞争优势，世界造船业正逐步向我国转移，我国完全有条件推动船舶工业再上新台阶。所以，要坚定信心、抓住机遇，主动融入世界船舶工业深刻调整的大趋势，深入推进产业结构调整，加快产业转型升级。

但我国造船仍以低附加值的“大船”为主，而日韩等造船发达国家则在新技术的储备上走得更早、更快。随着国际新标准、新规范的出台，下一代造船技术主要包括以节能减排、低碳环保为目标的绿色造船技术，以通信导航为主的信息技术和更加智能人性化的设计等。

为此，《实施方案》要求强化需求引导，调整产品结构。发展技术含量高、市场潜力大的绿色环保船舶、专用特种船舶、高技术船舶，发展海洋工程装备，提高船用设备配套能力，扩大国内有效需求，推动船舶产品结构升级，抓紧时间做好下一代造船技术储备。

2008年国际金融危机爆发后，我国曾制定《船舶工业调整和振兴规划》，规划期为2009—2011年，对船舶工业发展起到了积极的推动作用。这次的《实施方案》与之前的规划一脉相承，可以看出本届政府对船舶工业的重视，继续对其进行部署，同时又将科技创新、提高关键配套设备和材料制造水平摆在《实施方案》的前两条，充分说明当前工业经济中产业的转型升级是排在首位的，主要还是通过调结构、促改革来推进稳增长。由此透露出政府对相关工业结构调整的目标和方式。

一方面是抓住时机促进产业转型升级，另一方面是化解产能过剩矛盾。2013年10月6日，国务院发布《关于化解产能严重过剩矛盾的指导意见》。这是新一届政府统筹稳增长、调结构、促转型，打造中国经济升级版的又一重大举措。《指导意见》提出，总的要求是坚持以转变发展方式为主线，把化解产能严重过剩矛盾作为产业结构调整的重点，按照尊重规律、分业施策、多管齐下、标本兼治的总原则，立足当前，着眼长远，着力加强宏观调控和市场监管，坚决遏制产能盲目扩张；着力发挥市场机制作用，完善配套政策，“消化一批、转移一批、整合一批、淘汰一批”过剩产能；着力创新体制机制，加快政府职能转变，建立化解产能严重过剩矛盾长效机制，推进产业转型升级。要通过五年的努力，在行业产能严重过剩矛盾工作上取得重要进展，使这些行业达到产能规模基本合理、发展质量明显改善、长效机制初步建立的目标。

《指导意见》根据行业特点，分别提出了钢铁、水泥、电解铝、平板玻璃、船舶等行业分业施策意见，并确定了当前化解产能严重过剩矛盾的八项主要任务：一是坚决遏制产能盲目扩张。严禁建设新增产能项目，分类妥善处理在建违规项目。二是清理整顿建成违规产能。加强规范和准入管理。三是淘汰和退出落后产能。坚决淘汰落后产能，引导产能有序退出。四是调整优化产业结构。推进企业兼并重组，优化产业空间布局。五是努力开拓国内有效需求。扩大国内有效需求，着力改善需求结构。六是积极拓展对外发展空间。巩固扩大国际市场，拓展对外投资合作。七是增强企业创新驱动发展动力。突破核心关键技术，加强企业管理创新。八是创新政府管理。营造公平环境，完善市场机制，建立长效机制。

同时，大力扶持国家战略性新兴产业。10 月 22 日，国家能源局印发我国首个《关于化解产能严重过剩矛盾的指导意见》《页岩气产业政策》，其中明确将页岩气开发纳入国家战略性新兴产业，国家加大对页岩气勘探开发等的财政扶持力度，鼓励各种投资主体进入页岩气销售市场，对页岩气出厂价格实行市场定价。

新出台的《页岩气产业政策》重申了《页岩气开发利用补贴政策》中的条款，国家按页岩气开发利用量，对页岩气生产企业直接进行补贴。对申请国家财政补贴的页岩气生产企业，实行年度报告审核制度和公示制度。国家还鼓励地方财政根据情况对页岩气生产企业进行补贴，补贴额度由地方财政自行确定。

除财政补贴支持外，页岩气开采企业还可享有减免矿产资源补偿费、矿权使用费等政策。下一步，国家还将研究出台资源税、增值税、所得税等税收激励政策。页岩气勘探开发等鼓励类项目项下进口的国内不能生产的自用设备（包括随设备进口的技术），可按现行有关规定免征关税。

《产业政策》鼓励各种投资主体进入页岩气销售市场，以期逐步形成以页岩气开采企业、销售企业及城镇燃气经营企业等多种主体并存的市场格局。《产业政策》将页岩气出厂价格实行市场定价扩大到全国范围。国家将制定公平交易规则，鼓励供、运、需三方建立合作关系，引导合理生产、运输和消费。

为以促进页岩气开发利用，鼓励页岩气就近利用和接入管网。国家鼓励企业在基础设施缺乏地区投资建设天然气输送管道、压缩天然气（CNG）与小型液化天然气（LNG）等基础设施。《产业政策》明确指出，天然气基础设施对页岩气生产销售企业实行非歧视性准入。

《产业政策》坚持页岩气勘探开发与生态保护并重的原则，是规定中条数最多的章节。规定钻井液、压裂液等应做到循环利用，开采过程逸散气体禁止直接排放；钻井、压裂、气体集输处理等作业过程必须采取各项对地下水和土壤的保护措施，防止页岩气开发对地下水和土壤的污染；钻井、井下作业产生的各类固体废物必须得到有效处置，防止二次污染。

（五）设立中国（上海）自由贸易试验区

2013年8月22日，国务院批准设立中国（上海）自由贸易试验区。试验区范围涵盖上海市外高桥保税区、外高桥保税物流园区、洋山保税港区和上海浦东机场综合保税区四个海关特殊监管区域，总面积为 28.78 平方公里。

建设中国（上海）自由贸易试验区的主要任务是要探索我国对外开放的新路径和新模式，推动加快转变政府职能和行政体制改革，促进转变经济增长方式和优化经济结构，实现以开放促发展、促改革、促创新，形成可复制、可推广的经验。试验区建设将有利于培育我国面向全球的竞争新优势，拓展经济增长的新空间，打造中国经济“升级版”。

2013 年上半年，商务部、上海市政府会同国务院有关部门，拟定了《中国（上海）自由贸易试验区总体方案（草案)》，上报国务院审批。主要内容包括进一步深化改革、加快政府职能转变、积极探索投资管理模式创新、扩大服务业开放、加快转变贸易发展方式、深化金融领域的开放创新、建立与试验区相适应的监管等制度环境等。7 月 3 日，国务院常务会议讨论并原则通过了该方案草案，提请全国人大常委会审议，并决定在试验区调整部分法律规定的行政审批和事项。

根据《中国（上海）自由贸易试验区总体方案》，经过两至三年的改革试验，要实现的目标是：加快政府职能转变，积极推进服务扩大开放和外商投资管理体制改革，大力发展总部经济和新型贸易业态，加快探索资本项目可兑换和金融服务业全面开放，探索建立货物状态分类监管模式，努力形成促进投资和创新的政策支持体系，着力培育国际化和法治化的营商环境，力争建设成为具有国际水准的投资贸易便利、货币兑换自由、监管高效便捷、法治环境规范的自由贸易试验区，形成与国际投资、贸易通行规则相衔接的基本制度框架，为我国扩大开放和深化改革探索新思路和新途径，更好地为全国服务。

自贸区将在政府职能转变、外商投资管理体制改革、试行负面清单管理模式、扩大服务业开放、创新监管服务方式、人民币资本项目可兑换、金融市场利率市场化、人民币跨境使用先行先试等方面重点突破。

9月28日，银监会印发《中国银监会关于中国（上海）自由贸易试验区银行业监管有关问题的通知》，支持中资外资银行入区经营发展，支持区内设立非银行金融公司以及区内开展离岸业务，支持民间资本进入区内银行业。支持符合条件的民营资本在区内设立自担风险的民营银行、金融租赁公司和消费金融公司等金融机构。支持符合条件的民营资本参股与中、外资金融机构在区内设立中外合资银行。鼓励开展跨境投融资服务等。

9月29日，上海自贸区挂牌运作，36家中外企业获颁证照，首批入驻试验区。相关部门的相关政策陆续出台。

10月15日，财政部、海关总署、国家税务总局印发《关于中国（上海）自由贸易试验区有关进口税收政策的通知》，对上海自贸区有关进口税收政策进行了明确规定，对试验区内注册的国内租赁公司或其设立的项目子公司，经国家有关部门批准从境外购买空载重量在25吨以上并租赁给国内航空公司使用的飞机，享受《财政部国家税务总局关于调整进口飞机有关增值税政策的通知》和《海关总署关于调整进口飞机进口环节增值税有关问题的通知》规定的增值税优惠政策。

对设在试验区内的企业生产、加工并经“二线”销往内地的货物照章征收进口环节增值税、消费税。根据企业申请，试行对该内销货物按其对应进口料件或按实际报验状态征收关税的政策。

在现行政策框架下，对试验区内生产企业和生产性服务业企业进口所需的机器、设备等货物予以免税。在严格执行货物进口税收政策的前提下，允许在特定区域设立保税展示交易平台。

10 月 29 日，文化部发布《文化部关于实施中国（上海）自由贸易试验区文化市场管理政策的通知》，允许在试验区内设立外资经营的演出经纪机构、演出场所经营单位，为上海市提供服务。同时，允许在试验区内设立外资经营的娱乐场所。《通知》还允许外资企业在试验区内从事游戏游艺设备的生产和销售，通过文化主管部门内容审查的游戏游艺设备可面向国内市场销售。

11 月 15 日，财政部、国家税务总局印发《关于中国（上海）自由贸易试验区内企业以非货币性资产对外投资等资产重组行为有关企业所得税政策问题的通知》。根据《通知》，注册在试验区内的企业，因非货币性资产对外投资等资产重组行为产生资产评估增值，据此确认的非货币性资产转让所得，可在不超过五年期限内，分期均匀计入相应年度的应纳税所得额，按规定计算缴纳企业所得税。

企业以非货币性资产对外投资，应于投资协议生效且完成资产实际交割并办理股权登记手续时，确认非货币性资产转让收入的实现。其取得股权的计税基础应以非货币性资产的原计税基础为基础，加上每年计入的非货币性资产转让所得，逐年进行调整。

企业在对外投资五年内转让上述股权或投资收回的，应停止执行递延纳税政策，并将递延期内尚未计入的非货币性资产转让所得，在转让股权或投资收回当年的企业所得税年度汇算清缴时，一次性计算缴纳企业所得税。

《通知》并明确，注册在试验区内的企业，是指在试验区注册并在区内经营，实行查账征收的企业。所谓非货币性资产对外投资等资产重组行为，是指以非货币性资产出资设立或注入公司，限于以非货币性资产出资设立新公司和符合《财政部、国家税务总局关于企业重组业务企业所得税处理若干问题的通知》第一条规定的股权收购、资产收购。

就 2013 年内而言，上海自贸区还只是刚刚起步，实质性的建设还未开展。但它的推出，是我国在新时期深化改革开放、打造中国经济“升级版”的一项重要举措。随着我国经济结构调整和经济转型的不断推进，原有的以政府审批为主要表现特征的经济体制越来越与现实的经济发展不相适应，需要推进经济改革。上海自贸区被视为与 30 多年前国家将深圳、珠海、汕头和厦门列为经济特区一样的重大改革。试验区肩负着我国在新时期加快政府职能转变、积极探索管理模式创新、促进贸易和投资便利化，为全面深化改革和扩大开放探索新途径、积累新经验的重要使命，是国家战略需要。

根据总体方案，建立上海自贸区的一个重要目标，是扩大服务业的开放、加快转变贸易发展方式。我国的金融业一直受着国家的保护，外资银行进入中国虽然已打开大门，但人民币业务的开展尚受到很多限制。自贸区建立以后，对外资银行开展人民币业务设置的政策壁垒将无法存在，这无疑将极大地提升人民币在国际贸易中的地位，加速人民币的国际化。在这个过程中，人民币的自由兑换也将在自贸区先行成为现实，从而有可能对自贸区以外的国内整个外贸体制形成变革作用。

上海自贸区还有探索建立负面清单[①]管理模式的意义。要在一个特定的区域内实现投资和贸易的自由化和便利化，因此它要求对投资实行负面清单管理，也就是说政府对不能进入该区域投资的某些行业，以及对进入投资的企业的业绩和高级管理人员的禁止性要求，以清单形式向社会公开，只要不在这个范围之内，政府就没有理由禁止任何企业进入。这种负面清单的管理模式对我国现行的资本管理，尤其是外资管理形成了挑战，政府部门放弃相当一部分审批权，因此才需要立法部门给予特别的法律豁免。很显然，企业的投资自由度和投资效率将由此大大增加。对负面清单之外的领域，按照内外资一致的原则，将外商投资项目由核准制改为备案制（国务院规定对国内投资项目保留核准的除外），逐步形成与国际接轨的外商投资

① 负面清单最早由美国、加拿大和墨西哥在 1992 年签订的北美自贸协定中引入，是指一国在引进外资的过程中以清单形式公开列明某些与国民待遇不符的管理措施。美国用于与其他国家签订相关协定的双边投资协定（BIT）范本明确要求列举负面清单，目前美方已与 40 多个国家和地区签订此类 BIT。我国现行外资管理主要依据《外商投资产业指导目录》，即所谓的“正面清单”。引入负面清单意味着投资管理模式和思路的重大转变，要求进行外资管理法律法规及其他多项配套改革，以便在扩大对外资开放后仍能确保国家经济安全。

管理制度。国内的企业也可以将自贸区作为投资方向，并且享受到自贸区将要实行的宽松的法律环境，创业型企业将由此获得更好的发展起点。

总之，上海自贸区的建立，对于加快政府职能转变，扩大投资领域开放，推进贸易发展方式转变，深化金融领域的开放创新，完善法制领域的制度保障，都具有推动作用。

三、中共十八届三中全会召开

◎中共执政历史上有几次三中全会都产生过重要影响

◎十八届三中全会《决定》对全面深化改革做了全面部署

◎十八届三中全会《决定》的三个特点

◎15 项改革要点和任务分解为 300 多个专门项目

◎关于国家治理体系和治理能力现代化

◎横向上看是指党领导人民管理国家的制度体系，纵向上看是从上到下通达顺畅的一整套治理系统

◎全面深化改革的核心问题是处理好政府和市场的关系

◎成立中央全面深化改革领导小组

◎设立国家安全委员会

（一）中共十八届三中全会的主要内容

2013 年脚步匆匆，很快就要到年底了，中国大地又发生了一起重要事件，那就是 11 月 9 日至 12 日在北京召开的中共十八届三中全会。

中共执政历史上有几次三中全会都产生过重要影响。中华人民共和国成立之初党的七届三中全会，提出用三年左右时间争取国家财政经济状况根本好转，使国家顺利完成恢复经济的任务。1978 年党的十一届三中全会果断地结束“以阶级斗争为纲”方针，把全党工作重点转移到“经济建设”上来，开启了改革开放的新时期。1993 年党的十四届三中全会则是实施十四大提出的建设“社会主义市场经济”的改革目标，使改革开放进入新阶段。党的十八届三中全会面临的两个问题是改革的方向问题和改革的行动纲领问题。除了继续强调“社会主义市场经济”这个大方向之外，更多的是在这个方向的构架内追求深化改革的行动纲领，强调市场在资源配置中起“决定性作用”。全会通过的《中共中央关于全面深化改革若干重大问题的决定》（简称《决定》），成为全面深化改革的行动纲领，吹响了全面深化改革的号角。

党的十八届三中全会内容涉及两个大的方面。一个是现存体制的改善和改进问题，包括经济方面的基本经济体制、税收财政、金融、土地制度、城乡统筹等，政治方面的基本政治体制、法制、行政体制等，社会方面的基本社会制度、社会保障、教育、社会治理等。另一个大方面是体制创新问题，最显著的就是决定设置两个新的机构，即国家安全委员会和全面深化改革领导小组。其中，体制的改善和改进是为了打造升级版的体制，而体制的创新则是为了应对新的挑战和解决新的问题。无论是体制改进还是体制创新，都是要解决好中国所面临的一些重大关系问题。

《决定》涵盖了很多方面，但重点还是经济、政治和社会三个方面。其中经济方面可以说是三中全会的重中之重，在分论十四条中占了六条，而政治方面三条、社会方面二条、文化方面一条、生态方面一条、国防和军队方面一条。《决定》的三个特点是：

第一，突出显示了下一阶段的工作重点，就是所有的改革中，经济改革要先行；在体制改善和提升方面，经济体制也要先行。这种安排也反映了执政党的思维方式，即经济是基础，政治是上层建筑。

第二，以重大问题为导向，抓住关键问题，坚持从大局出发考虑问题，即全面深化改革是关系党和国家事业发展全局的重大战略部署。“不谋全局者，不足谋一域。”《决定》一般性举措不写，重复性举措不写，纯属发展性举措不写。抓住重点，突出全面深化改革新举措，围绕解决好人民群众反映强烈的问题，回应人民群众呼声和期待，突出重要领域和关键环节，突出经济体制改革牵引作用。从全局看问题，首先要看提出的重大改革举措是否符合全局需要，是否有利于党和国家事业长远发展。要真正向前展望、超前思维、提前谋局。

第三，时间设计到2020年，按这个时间段提出任务，到2020年在重要领域和关键环节改革上取得决定性成果。

《决定》共提出15项改革部分要点：

1. 坚持和完善基本经济制度。公有制为主体、多种所有制经济共同发展，公有制经济和非公有制经济都是社会主义市场经济的重要组成部分。

2. 加快完善现代市场体系。建设统一开放、竞争有序的市场体系，使市场在资源配置中起决定性作用。

3. 加快转变政府职能。建设法治政府和服务型政府；优化政府组织结构，提高科学管理水平。

4. 深化财税体制改革。完善立法、明确事权、改革税制、稳定税负、透明预算、提高效率，建立现代财政制度。

5. 城乡发展一体化。赋予农民更多财产权利，推进城乡要素平等交换和公共资源均衡配置。

6. 构建开放型经济新体制。放宽投资准入，加快自由贸易区建设，扩大内陆沿边开放。

7. 加快社会主义民主政治制度建设。推动人民代表大会制度与时俱进，推进协商民主广泛多层制度化发展，发展基层民主。

8. 推进法治中国建设。维护宪法法律权威，深化行政执法体制改革，确保依法独立公正行使审判权检察权。

9. 强化权力运行制约和监督体系。构建决策科学、执行坚决、监督有力的权力运行体系，健全惩治和预防腐败体系。

10. 推进文化体制机制创新。完善文化管理体制，建立健全现代文化市场体系，构建现代公共文化服务体系，提高文化开放水平。

11. 推进社会事业改革创新。深化教育领域综合改革，促进就业创业体制机制，建立更加公平可持续的社会保障制度，深化医药卫生体制改革。

12. 创新社会治理体制。改进社会治理方式，激发社会组织活力，创新有效预防和化解社会矛盾体制，健全公共安全体系；设立国家安全委员会。

13. 加快生态文明制度建设。健全自然资源资产产权制度和用途管制制度，划定生态保护红线，实行资源有偿使用制度和生态补偿制度。

14. 深化国防和军队改革。深化军队体制编制调整改革，推进军队政策制度调整改革，推动军民融合深度发展。

15. 加强和改善对全面深化改革的领导。中央成立全面深化改革领导小组。深化干部人事制度改革。

这15项改革要点和任务又分解为300多个专门项目。

（二）关于国家治理体系和治理能力现代化

全面深化改革的总目标是“完善和发展中国特色社会主义制度，推进国家治理体系和治理能力现代化”。“国家治理体系和治理能力现代化”是一个全新的提法，新的理论创新。这里有几个概念需要加以解释：“国家治理”这个概念是什么时候提出来的？什么是“国家治理体系”和“治理能力”？什么是治理体系和治理能力的“现代化”？

从国家层面考察，最早提的治理是“综合治理”。

1981年中共中央在批转中央政法委员《京、津、沪、穗、汉五大城市治安座谈会纪要》中提出，解决社会治安问题，必须各级党委来抓，全党动手，实行全面“综合治理”。

1991年3月2日，第七届全国人民代表大会常务委员会第18次会议通过并颁布了《全国人民代表大会常务委员会关于加强社会治安综合治理的决定》。《决定》的主要内容有七项，

第一条就是加强社会治安综合治理，是坚持人民民主专政的一项重要工作，也是解决我国社会治安问题的根本途径。要动员和组织全社会的力量，运用政治的、法律的、行政的、经济的、文化的、教育的等多种手段进行综合治理。坚持打击和防范并举，治标和治本兼顾，重在治本。要进一步完善促进社会治安综合治理的法律、法规，把社会治安综合治理包含的打击、防范、教育、管理、建设、改造等各方面的工作纳入法治轨道。

社会综合治理毕竟是专项治理，与国家治理还有层级上的区别。比较接近于国家治理的提法出现在 1997 年 9 月召开的党的十五大。在十五大报告中，第一次深刻地阐述了依法治国的含义："依法治国，是党领导人民治理国家的基本方略，是发展社会主义市场经济的客观需要，是社会文明进步的重要标志，是国家长治久安的重要保障。"

但是，"治理国家"和"国家治理"无论从语义还是指向上都是不同的。所以说，党的十八届三中全会提出"国家治理"是一个新的突破。

下面再来看看"国家治理体系"。

从横向上看，它是指党领导人民管理国家的制度体系，包括经济、政治、文化、社会、生态文明和党的建设等各领域的体制、机制和法律法规安排，也就是一整套紧密相连、相互协调的国家制度。其内涵是党的领导、人民当家作主、依法治国的有机统一。其外延包括规则体系、公共权力体系、公民权利体系、国家责任体系和政府责任体系、公民的义务体系和公民

（普遍）责任体系。简单说，国家治理体系是全面回答权力的来源、权力的行使以及权力的制约等一套组织制度。也不妨这样解释国家治理体系：是指国家以法治体系的建立为基础，对公共权力的科学合理配置。

纵向上看，就是从上到下通达顺畅的一整套治理系统。

“国家治理能力”就是运用国家制度管理社会各方面事务的能力，亦即是国家治理体系的能力。包括纵览全局的能力、发挥市场作用的能力、协调各方的能力、危机公关的能力等。也可表述为统领改革发展稳定、内政外交国防、治党治国治军等各个方面的能力。“国家治理能力”另一层意思是效能，治理是否有效的问题。

“国家治理体系现代化”就是指国家治理体系制度化、科学化、规范化、程序化。就是治理者善于运用法治思维和法律制度治理国家，最大化地发挥中国特色社会主义各方面的制度优势。就是追求“善治”。

“国家治理能力现代化”就是最大地发挥治理的效果和效能。它涉及各种主体之间的关系的配制是否合理，配置不合理，必然影响每一个人能力发挥。

“推进国家治理体系和治理能力的现代化”，要求我们更新治理理念、深入改革治理体制、丰富完善治理体系、努力提高治理能力，更加科学、更加民主，同时也要更制度化、规范化、程序化。

（三）关于全面深化改革的重点

《决定》指出，全面深化改革的重点是经济体制改革，核心问题是处理好政府和市场的关系，使市场在资源配置中起决定性作用和更好地发挥政府作用。这一表述显示：强调改革核心是政府放权，目的是让社会活力迸发。在经济生活领域，我们要实行市场主导下政府的有效作用，而不是政府主导下市场的有限作用，为激发市场活力、理顺政府与市场关系提出了一个重大的方向。第一，从政府与市场的关系上看，只有让市场在资源配置中更大程度、更大范围地发挥基础性、决定性作用，市场才有活力，经济才有活力。第二，从市场的作用看，强调的是价格怎么形成的问题。如果不能够充分发挥市场的决定性作用，价格信号不强，资源配置就会受到各方面的干扰。第三，从现实生活来看，政府对资源配置的权力过大，对微观经济活动介入过多，压抑市场活力，同时也压抑了经济发展的活力，所以无论从市场发展的规律，还是现实生活来看，行政体制改革是激发经济活力最关键、最重要、最基础的一个问题。

《决定》提出，成立中央全面深化改革领导小组，负责改革总体设计、统筹协调、整体推进、督促落实。这是一项重要的制度安排。以往体制改革以经济体制改革为主，制度安排由中央决定，主要由国务院经济体制改革委员会、国家发改委这样的部门领导和实施。由于改革的复杂性和紧迫性，以及加强各项改革统筹协调的必要性，国家发改委在一些方面尤其是政策的制定上受到局限。党的十八大提出社会主义建设总体布局由“四位一体”扩展到“五位一体”，涉及政治、经济、社会、文化、生态五个方面。全面深化改革领导小组更具权威性，能够保证改革的设计、协调、推进和监督每一个环节的落实，有助于确保改革的系统性、整体性、协同性。可有效推动“五位一体”建设的开展和实施。

另一项重要的制度安排是正式宣布设立国家安全委员会。世界各主要大国均有国家安全委员会，中国已成为世界第二大经济体、第一贸易国，在改革开放的日益深化的大背景下，不仅存在诸如领土、国土、粮食、能源、健康等传统安全，还有网络、信息、金融等非传统安全问题。既有我们熟悉的安全挑战，也有以前很少碰到如海外中国人（投资、旅游）安全等新产生的课题。国家越开放，中国的安全利益越多，面临的风险越大。这说明改革开放在面对国内国际两个大局的背景下，如何确保国家安全成为一个时代的课题，不仅显得尤为重要，而是显得尤为必须。成立国家安全委员会正是适应这种客观需要的举措，在全球各种不安全情况下形成有效的制度保证。另外，这也是适应中国的大国地位，为负责任的大国形象的树立不可或缺的选项。有这样一个机构就可以在各种国际事务中对等地进行切磋合作，对外沟通更加顺畅了。从这个意义上说，设立国家安全委员会是中国走向世界，融入国际社会重要的一步。

党的十八届三中全会描绘了中国全面深化改革的新蓝图。

第三章

绿色行动

筑梦辉煌——2013年的中国

党的十八大报告指出，我们已经到了“社会主义生态文明新时代”，我们一定要更加自觉地珍爱自然，更加积极地保护生态，努力走向社会主义生态文明新时代。党的十八届三中全会《决定》多次强调“制度”的重要性，明确要求，建设生态文明，必须建立系统完整的生态文明制度体系，实行最严格的源头保护制度、损害赔偿制度、责任追究制度，完善环境治理和生态修复制度，用制度保护生态环境。“制度”的推进意味着期待已久的环境立法工作将取得实质性进展，这对长期缺少标准和依据的环保工作来说意义重大。《决定》还明确将环保纳入政府工作考核。提出要探索编制自然资源资产负债表，对领导干部实行自然资源资产离任审计。建立生态环境损害责任终身追究制。将对过去野蛮、粗放的经济发展方式形成有效制约，真正实现经济发展与环境保护的共存。《决定》还对限制开发区域和生态脆弱的国家扶贫开发工作重点县取消地区生产总值考核，体现出将生态保护放在前所未有的高度。

一、新世纪以来的生态文明建设

◎十七大首次提出“建设生态文明”的发展目标

◎十八大将生态文明建设提升到“五位一体”的社会主义建设总体布局的高度

◎生产空间集约高效、生活空间宜居适度、生态空间山清水秀

◎构建科学合理的城市化格局、农业发展格局、生态安全格局。

◎给自然留下更多修复空间，给农业留下更多良田，给子孙后代留下天蓝、地绿、水净的美好家园

◎人口资源环境相均衡、经济社会生态效益相统一的原则

◎坚持共同但有区别的责任原则、公平原则、各自能力原则

◎规划海洋强国战略

◎生态形势仍很严峻

（一）第四个文明——“生态文明”

说到生态文明，不能不联系到科学发展观。

2003 年 4 月 15 日，胡锦涛在非典疫情日趋严重的广东视察工作时指出：坚持全面的发展观，通过促进三个文明协调发展不断增创新优势。要在全面建设小康社会、率先基本实现社会主义现代化的进程中，努力在社会主义物质文明、政治文明、精神文明建设方面都交出优异的答卷。这是对科学发展观基本含义一次较早时期的阐述。

科学发展观第一次见诸党的全会文件是在中共十六届三中全会通过的《中共中央关于完善社会主义市场经济体制若干问题的决定》中。《决定》指出，坚持统筹兼顾，协调好改革进程中的各种利益关系。坚持以人为本，树立全面、协调、可持续的发展观，促进经济社会和人的全面发展。其后，科学发展观继续随着中国社会主义现代化建设进程的不断推进而逐步发展。2004 年，党的十六届四中全会通过的《关于加强党的执

政能力建设的决定》明确把树立和落实科学发展观作为提高党的执政能力的重要内容。这一文件在总结五十五年来党执政的主要经验的基础上，前后有六次明确提出“科学发展观”这一概念，提出要“坚持以人为本、全面协调可持续的科学发展观，更好地推动经济社会发展”等科学论断，进一步推动了科学发展观这一科学理论的深入发展。

在此之后，先后于2005年和2006年召开的中共十六届五中全会和十六届六中全会又进一步丰富和发展了科学发展观这一理论体系。在此基础上，2007年，党的十七大报告中明确指出：“科学发展观，第一要义是发展，核心是以人为本，基本要求是全面协调可持续，根本方法是统筹兼顾。”科学发展观是对党的三代中央领导集体关于发展的重要思想的继承和发展，是马克思主义关于发展的世界观和方法论的集中体现，是同马克思列宁主义、毛泽东思想、邓小平理论和“三个代表”重要思想既一脉相承又与时俱进的科学理论，是我国经济社会发展的重要指导方针，是发展中国特色社会主义必须坚持和贯彻的重大战略思想。大会一致同意将科学发展观写进党章，从而为我国的中国特色社会主义事业进一步指明了方向。

科学发展观的基本要求是坚持全面协调可持续发展。全面推进经济建设、政治建设、文化建设、社会建设，实现经济文化社会的全面发展。做到“五个统筹”，促进现代化建设各个环节、各个方面相协调，促进生产关系与生产力、上层建筑与经济基础相协调。可持续，则指的是发展要充分考虑到长远性和持续性，要坚持生产发展、生活富裕、生态良好的文明发展道路，建设资源节约型、环境友好型社会，实现速度和结构质量效益相统一、经济发展与人口资源环境相协调，使人民在良好生态环境中生产生活，实现经济社会永续发展。

党的十七大首次将“建设生态文明”的发展目标写入党的报告，提出要使“生态文明观念在全社会牢固树立”。要建设生态文明，基本形成节约能源资源和保护生态环境的产业结构、增长方式、消费模式。循环经济形成较大规模，可再生能源比重显著上升。主要污染物排放得到有效控制，生态环境质量明显改善。生态文明观念从理论政策走向实践。反映了我们党在新的历史时期面对经济社会发展与资源环境矛盾时的新认识和新思考。

在这样的指导思想下，环境保护工作进入综合治理阶段。过去，污水垃圾处理厂都是靠政府投资建设经营，进展慢，效益低，许多治理设施建而不运、建而不养，成了环保的摆设，没有发挥应有的环境效益。2002 年，拉开了以推广特许经营制度为标志的市场化改革序幕。民间资本、外资等社会资本进入到供水、供气、供热、污水垃圾处理等领域，打破了国有企事业单位独家垄断的局面，提高了生产效率和服务水平，推动了环境基础设施的建设步伐。据 2011 年 5 月《全国城镇污水处理信息系统》显示，全国共建成投运的污水处理厂 3022 座，比十年前增长了 6 倍，变化不可谓不大。其中采取 BOT、BT、TOT 等特许经营模式的占 42%。

同时，实行有利于环境的价格政策。2004 年出台的每度电 1.5 分钱的脱硫电价政策，很快使电厂脱硫如火如荼地开展起来。短短几年内，使全国脱硫机组装机容量占火电装机容量的比重从2004年的8.8%提高到2011年的87.6%。在各种产品价格中逐步体现环境成本，污染物减排量也成了有价商品，可以出售和交易，这些做法为利用市场机制来保护环境开始走出路子。在税收政策上也开始和环境挂钩，推出了一系列有利于环境保护的税收优惠政策。比如，对节能环保企业实行所得税“三免三减半”政策，对污水、再生水、垃圾处理行业免征或即征即退增值税；对脱硫产品增值税减半征收；对购置环保设备的投资抵免企业所得税；等等。这些政策对推动环境治理无疑起到了重要作用。

环境的投资有明显增长。20世纪80年代初期，中国环保治理投资每年为25亿～30亿元，约占同期GDP的0.51%。到80年代末期，投资总额超过100亿元，占同期GDP的0.60%左右。“九五”期末的1995年，投资总额达到1010亿元，占同期GDP的1.02%，首次突破1%大关，标志着规模的环境治理的开始。“十五”期末的2005年，投资总额达到2388亿元，占同期国民生产总值的1.3%。“十一五”期末的2010年，投资总额又上升到6654亿元，占当年GDP的1.66%。但是，财政投资拉动作用却十分明显，往往起到四两拨千斤的作用。比如，1998—2002年，中国政府共发行国债6600亿元，其中安排650亿元支持967个城市环境基础设施项目，并拉动地方和社会资金2100亿元，建成了603个污水处理项目，新增污水处理能力5476万m^3/d，22个中水回用项目，164个垃圾处理项目，新增垃圾处理能力8.5t/d。这是中国政府第一次大规模投资环境基础设施建设，并带来了长远的环境效益。2008年4万亿投资中就有2100亿投资于生态环境建设，短短三年内使城市污水处理厂座数增加63%，而在县城却增加了3.3倍。此外，为提高财政投资的效益，2007年起，中央财政实行“以奖代补”政策，带动地方财政资金1124亿元。在环保投资中，社会资本越来越成为环保投资的主体。[①]

从2007年7月起，中国金融行业实施“绿色信贷”政策，国有银行和商业银行对绿色产业都给予了重点支持。截至2010年底，国家开发银行和国有四大银行绿色信贷余额已达14506亿元。国家开发银行作为国家政策性银行，对环境治理贷款力度尤为明显。“十五”期间，环境保护贷款发放额为1183亿元，占同期全国环保投资总额的14%；“十一五”期间，继续加大贷款力度，共发放节能减排贷款5860亿元，其中环保领域发放款3200多亿元，占同期全国环保投资总额的15%。与此同时，从事环境治理的环保公司还积极上市融资，据不完全统计，在国内A股、H股上市的国内环保公司达46家，2011年营收总额达到630多亿元。另外还有一些环保公司在我国香港及美国、德国、日本等地境外上市融资。

环境保护法制建设仍然保持稳定发展。相继出台了《放射性污染防治法》(2003年6月28日第十届全国人民代表大会常务委员会第三次会议通过)、《可再生能源法》(2005年2月28日第十届全国人民代表大会常务委员会第十四次会议通过)、

① 曲格平在香港中文大学“中国环境保护四十年”学术论坛上的演讲《中国环境保护四十年回顾及思考》,《中国环境管理干部学院学报》2013年第3期。

《循环经济促进法》（2008 年 8 月 29 日第十一届全国人民代表大会常务委员会第四次会议通过）等。截至 2013 年，中国已制定了 8 部环境保护法律、15 部自然资源法律，制定颁布了环境保护行政法规 50 余项、部门规章和规范性文件近 200 件、军队环保法规和规章 10 多件、国家环境标准 800 多项，批准和签署多边国际环境条约 51 项，各地方人大和政府制定的地方性环境法规和地方政府规章共 1600 余项，初步形成了适应市场经济体系的环境保护法律和标准体系。

（二）“五位一体”中的生态文明建设

中共十八大在理论上有很多新的亮点，其中最大亮点就是把生态文明建设提到从未有过的高度。

中共十七大已经提出建设生态文明的要求，但只有百余字篇幅，内容主要是讲在产业结构、增长方式、消费模式上节约能源资源和保护生态环境，主要污染物排放得到有效控制，生态环境质量明显改善。党的十八大则用 1300 余字把生态文明建设提升到“五位一体”的社会主义建设总体布局的高度，将其融入经济建设、政治建设、文化建设、社会建设各个方面和全过程，从而对中国社会主义现代化建设提出更新更高要求。推进生态文明建设，不仅仅是资源环境方面的问题，更是物质文明、政治文明、精神文明各层面，经济建设、政治建设、文化建设、社会建设各领域全面转变、深刻变革的问题，涉及生产方式和生活方式根本性变革的战略任务。把生态文明建设放在突出地位，形成人与自然和谐发展的现代化建设新格局，关乎人民福祉和民族未来的长远大计，关乎中华民族永续发展的战略问题，关乎给子孙后代留下美丽家园的历史性课题。

党的十八大在如何对待自然，如何优化国土空间开发格局，如何节约资源，如何加大生态环境保护力度等方面提出一系列新的执政理念。关于如何对待自然。提出必须树立尊重自然、顺应自然、保护自然新的生态文明理念，这是推进生态文明建设的重要思想基础，体现了新的价值取向。在传统的经济发展中，强调遵循经济规律，但对自然规律尊重不够。一些地区不顾资源环境承载能力肆意开发，对自然造成伤害，削弱了可持续发展能力。尊重自然，就是要树立人类与自然平等的观念，人类的行为方式应该符合自然规律。推进生态文明建设就应该摈弃人定胜天的思维方式和做法，崇尚人与自然和谐相处的传统美德。按照人与自然和谐发展的要求，在生产力布局、城镇化发展、重大项目建设中都要充分考虑自然条件和资源环境承载能力。

关于优化国土空间开发格局。报告提出“三个空间”“三个格局”“三个给”等。“三个空间”即生产空间集约高效、生活空间宜居适度、生态空间山清水秀，优化国土空间开发格局，控制开发强度，调整空间结构。“三个格局”是构建科学合理的城市化格局、农业发展格局、生态安全格局。加快实施主体功能区战略，推动各地区严格按照主体功能定位发展。“三个给”是给自然留下更多修复空间，给农业留下更多良田，给子孙后代留下天蓝、地绿、水净的美好家园。这是解决中国国土空间开发中存在问题的根本途径，是促进城乡区域协调发展的重大战略举措，也是当前生态文明建设的紧迫任务。

党的十八大明确生态文明建设的原则，分为国内的与国外的两个原则。从国内看即人口资源环境相均衡、经济社会生态效益相统一的原则；从国外看即坚持共同但有区别的责任原则、公平原则、各自能力原则，同国际社会一道积极应对全球气候变化。全球生态系统是一个整体，需要全世界共同努力，搞好生态文明建设，努力建设美丽中国，实现中华民族永续发展，是对中华民族的历史贡献，也是对全球生态安全的贡献。

党的十八大规划海洋强国战略。党的十八大正式提出建设海洋强国战略，即提高海洋资源开发能力，发展海洋经济，保护海洋生态环境，坚决维护国家海洋权益。建设海洋强国是生态文明建设的内在要求，更体现了寻求新的经济增长点、走可持续发展的战略需要。这一点，从国内国际两种环境看，从国内国际两个市场看，从国内国际两种资源看，怎么强调也不过分。

改革和发展的根本目的是为了更好满足人民群众的需求。建成小康社会，人的需求既包括对农产品、工业品和服务产品等物质文化的需求，也包括对清新空气、清洁水源、舒适环境、宜人气候等生态产品的需求。生态产品是人们重要的消费品、生活必需品，良好的生态环境是提高人民生活质量的重要内容。推进生态文明建设，说到底就是为了提高人民的生活质量，满足人民日益增长的对生态产品的需求。资源和生态环境，是前人留给我们的，属于当代人，也属于我们的后代。经济社会的发展既要满足当代人的需求，也不能损害后代人的利益，这样才能实现中华民族的永续发展。

就像党的十八大报告所指出的，我们已经到了“社会主义生态文明新时代”，我们一定要更加自觉地珍爱自然，更加积极地保护生态，努力走向社会主义生态文明新时代。

生态文明建设如此重要，那么怎样“大力推进生态文明建设”呢？

第一，节约资源是保护生态环境的根本之策。要节约集约利用资源，推动资源利用方式根本转变，大幅降低能源、水、土地消耗强度，提高利用效率和效益。节约资源和保护环境是中国的基本国策，制定其他各项经济社会政策、编制各类规划、推动各项工作都必须遵循。节约优先、保护优先、自然恢复为主，就是要在资源开发和利用中，把节约资源放在首位。

节约资源，就中国目前状况而言，可以说是刻不容缓。以能源为例，中国人均能源占有量低，能源消费总量增长过快，消耗强度高，能源消费供需矛盾已经成为经济发展的长期软肋，2011年的统计数字是中国每天需求能源920万桶原油，全年是4.6亿吨。按此趋势，2020年前，中国每年将需要原油6亿吨，供应的增长速度赶不上需求的增长速度。如果结合中国原油对外依存度超过60%的现实，以能源安全和地缘政治角度看，无异于一把悬在头上的利剑。所以，在未来几十年，必须考虑替代性燃料来源，减少原油进口，以缓解全球石油短缺的状况。业界有关人士表示，我们应该使用更多的煤炭。这固然是对原油的依赖降低了，但又回到传统能源消耗的老路上去了，使用煤炭带来的大气污染的压力又增加了。因此，不能无节制地使用资源，必须推动能源生产和消费革命，控制能源消费总量，加强节能降耗，支持节能低碳产业和新能源、可再生能源发展，确保国家能源安全。

水资源同样是有限的。中国是全球13个缺水国家之一。水资源总量不足，分布不均，水多水少水脏并存。在缺水地区地下水过度超采，华北平原是一个典型事例，在某些地区地下水已经开采到500米深。水利专家指出，现在使用的地下水是一亿年前的。水是无法再生的，除了节约没有他途。必须加强水源地保护和用水总量管理，推进水循环利用，建设节水型社会。

土地的状况同样如此。中国人均拥有的土地资源特别是耕地资源不足，人均耕地资源面积逼近保障农产品供给安全的红线，必须严守耕地保护红线，严格土地用途管制。同时，还要加强矿产资源勘查、保护、合理开发。由此可见，要节约集约利用资源，推动资源利用方式根本转变，加强全过程节约管理，大幅降低能源、水、土地消耗强度，提高利用效率和效益。从源头上扭转生态环境恶化趋势，为人民创造良好生产生活环境。

第二，加大对自然生态系统和环境保护的力度。良好生态环境是人和社会持续发展的根本基础。由于一段时间里，片面追求经济数字的增长，部分地区对国土资源的盲目开发、过度开发、分散开发、无序开发，带来和造成了森林破坏、湿地萎缩、河湖干涸、水土流失、地面沉降，沙漠化、石漠化和草原退化，生物多样性锐减，各种灾害频发等自然生态系统严重受损的问题，亟待实施重大生态修复工程，增强生态产品生产能力。为此，要有针对性地推进综合治理。当前要重点整治的是污染物排放。中国温室气体排放总量大、增长快，人均排放量不断增加，污染物排放超过环境承载能力，致使部分地区环境质量较差。为此，首先要坚持预防为主、综合治理，以解决损害群众健康的突出环境问题为重点，强化水、大气、土壤等污染防治；推进重点行业和重点区域大气污染治理，深化颗粒物污染防治，加强重金属污染和土壤污染综合治理。其次要加强重点流域和区域水污染防治。同时，加快水利建设，增强城乡防洪抗旱排涝能力。要实施重大生态修复工程，增强生态产品生产能力，推进荒漠化、石漠化、水土流失综合治理，扩大森林、湖泊、湿地面积，保护生物多样性。再次要加强防灾减灾体系建设，提高气象、地质、地震灾害防御能力。

第三，加强生态文明制度建设。制度建设是推进生态文明建设的重要保障，保护生态环境必须依靠制度建设和制度安排，具体体现在五个方面。一要加强生态文明考核评价制度建设。改变唯GDP的观念，把资源消耗、环境损害、生态效益纳入经济社会发展评价体系，增加生态文明在考核评价中的权重，建立体现生态文明要求的目标体系、考核办法、奖惩机制。二要健全基本的管理制度。根据中国国土空间开发管理制度缺失的问题，建立国土空间开发保护制度，包括对国家重点生态功能区和农产品主产区建立限制开发的制度，对依法设立的各级自然保护区、世界文化自然遗产、风景名胜区、森林公园、地质公园等建立禁止开发的制度。在完善中国耕地、水资源、环境等管理制度的基础上，实行最严格的耕地保护制度、水资源管理制度、环境保护制度。三要建立资源有偿使用制度和生态补偿制度。能源、水资源、土地资源、矿产资源等资源性产品的价格改革和税费改革到位。深化资源性产品价格和税费改革，建立反映市场供求和资源稀缺程度、体现生态价值和代际补偿的资源有偿使用制度和生态补偿制度。四要建立市场化机制。积极开展节能量、碳排放权、排污权、水权交易试点。依靠市场机制用市场化办法促进资源节约和生态环境保护。五要健全责任追究和赔偿制度。资源环境既然是重要的公共产品，任何对其的破坏和损害的行为都应受到追究，进行赔偿。要加强环境监管，健全生态环境保护责任追究制度和环境损害赔偿制度。

大力推进生态文明建设，可以极大地促进产业调整，加快生产方式转变。单位国内生产总值能源消耗和二氧化碳排放大幅下降，主要污染物排放总量显著减少的要求和节约资源、减少消耗，无疑将迫使企业改变传统生产方式，向着新型工业化目标努力。制定并实施新兴产业发展规划。重点安排专项资金扶持新能源、新材料、生物医药、半导体照明、节能环保、互联网等战略性新兴产业发展。大力发展低碳经济和循环经济，加大节能减排和清洁生产工作力度，广泛开发推广应用太阳能、LED和储能电池产品技术，推进废旧汽车拆解中心、旧家电回收中心和清洁能源基地建设。

对于工艺技术落后，不利于资源节约和节能降耗，不利于环境保护和生态系统恢复，不利于产业结构优化升级和国内外市场拓展，不符合行业准入条件和产业布局等政策的，如：水源保护区内从事除油、酸洗、磷化、印刷、食品加工、饮料制造、制药、印花、汽修或其他可能排放工业废水的项目等企业将会受到更严格的监管和限制。新建项目不予审批、核准和备案，对限制类的现有生产能力，允许企业在一定期限内加以改造升级。环保部门对高污染行业实行严格的治理计划。对支柱产业配套所必需的非鼓励类产业和项目，采取诸如规划建设专业园区，引导这类产业和项目逐步入园，实现污染集中治理，安全消防设施统一建设，重点管理。

2013年召开的中共十八届三中全会为中国全面深化改革作出系统部署，不仅将为中国经济发展注入新活力，同时也将给世界带来新的发展机遇。审议通过的《中共中央关于全面深化改革若干重大问题的决定》提出，要加快生态文明制度建设。《决定》首先以纲要的形式明确提出，建设生态文明，必须建立系统完整的生态文明制度体系，实行最严格的源头保护制度、损害赔偿制度、责任追究制度，完善环境治理和生态修复制度，用制度保护生态环境。《决定》多次强调“制度”的重要性，提出的具体方案包括：要建立和完善严格监管所有污染物排放的环境保护管理制度，独立进行环境监管和行政执法；建立陆海统筹的生态系统保护修复和污染防治区域联动机制；健全国有林区经营管理体制；完善污染物排放许可制，实行企事业单位污染物排放总量控制制度；对造成生态环境损害的责任者严格实行赔偿制度，依法追究刑事责任；等等。“制度”的推进意味着期待已久的环境立法工作将取得实质性进展，这对长期缺少标准和依据的环保工作来说意义重大。

《决定》还明确将环保纳入政府工作考核。提出要探索编制自然资源资产负债表，对领导干部实行自然资源资产离任审计；建立生态环境损害责任终身追究制。此项改革意见的提出，明确了要将环保工作纳入地方政府工作考核。过去几个五年计划中，部分地方政府面对经济发展的机遇与压力，将GDP增长作为政府工作唯一的重心，付出了惨重的环境代价，解决遗留的环境问题往往需要几十倍的时间与财力的投入。“生态环境损害责任终身追究制”的提出，将对过去野蛮、粗放的经济发展方式形成有效的制约，真正实现经济发展与环境保护的共存。《决定》还提出，对限制开发区域和生态脆弱的国家扶贫开发工作重点县取消地区生产总值考核，体现出将生态保护放在了前所未有的高度。

《决定》提出，实行资源有偿使用制度和生态补偿制度，环保投入不足问题有望得到缓解。加快自然资源及其产品价格改革，全面反映市场供求、资源稀缺程度、生态环境损害成本和修复效益。坚持使用资源付费和谁污染环境、谁破坏生态谁付费原则，逐步将资源税扩展到占用各种自然生态空间。坚持谁受益谁补偿原则，完善对重点生态功能区的生态补偿机制，推动地区间建立横向生态补偿制度。发展环保市场，推行节能量、碳排放权、排污权、水权交易制度，建立吸引社会资本投入生态环境保护的市场化机制，推行环境污染第三方治理。环境投入不足一直是影响国内环境保护效果的重要因素，当前国内环保投资占GDP比重不足1.5%，明显低于发达国家在环境治理高峰期的投入水平。环保投入需求巨大，不可能完全依赖财政拨款。除了上述各项付费原则，《决定》还提出“完善税收制度”“把高耗能、高污染产品及部分高档消费品纳入征收范围”“推动环境保护费改税”。

党的十八届三中全会为生态文明建设提出更高的要求和更为具体的规划，未来十年，随着经济发展方式的转变和生态文明建设的不断深入，生态文明建设将获得前所未有的时代机遇。

（三）生态环境形势仍很严峻

1. 生态资源不堪重负

既然生态文明建设面临一个难得的发展机遇，那么是不是我们就可以高枕无忧了？并不是这样。其实，之所以把生态文明建设提得这样高，恰恰是由于生态环境形势相当严峻。

长期以来，说起中国，影响最大的是八个字：“地大物博，人口众多”。事实上中国“地大物博”不假，但若要和“人口众多”对接，则是另一种结果。

从我国各项自然资源的绝对数量看均很可观，虽然中国资源总量大，但由于人口多，又是世界人均占有量较低的资源小国；资源品种类型齐全，但不少资源质量不高，开发难度大，分布不均衡的现状，与生产力布局不协调，人均占有量很多种均低于世界平均水平。

中国土地总面积虽居世界第 3 位，但人均不足 15 亩，是世界人均 45 亩的 1/3。中国土地资源的特点是“一多三少”，即总量多，人均耕地少，高质量的耕地少，可开发后备资源少。后备资源2亿亩，其中可开垦成耕地的仅1.2亿亩。耕地面积世界人均为5.4亩，我国人均不足1.5亩；草场资源世界人均11.4亩，我国仅为5.25亩。中国森林面积和林木蓄积量分别为20.1亿亩和101亿立方米，在世界上排第六位，但人均量分别为1.8亩和9平方米，仅及世界人均值的1/6和1/8；森林覆盖率虽已达13.9%，但也仅为世界平均值的一半。中国水资源总量并不少，每年28000亿立方米，但人均占有量很少，人均淡水资源占有量约2100立方米，仅为世界平均水平的28%；水资源量分布不均，南多北少；全国城市中有约2/3缺水，约1/4严重缺水。我国矿产资源总量丰富，但人均占有量居世界各国第80位，仅为世界人均水平的58%；对经济长期发展具有重要制约作用的资源，如能源、铁矿等，我国人均占有量不及世界平均水平的1/2，中国45种主要矿产品中，关系国计民生的大宗矿产将难以保证需求，其他主要矿产资源的人均占有量水平，除钨、稀土较高之外，均低于世界平均水平，有些还不及世界平均水平的1/3。2009年国土资源部发布了中国自然资源预警报告，称“中国是人均占有量较低资源小国”①。

这些具有强烈对比性的数字，不能不使人们在为我国自然资源总量丰富的优势而自豪的同时，对自然资源状况有些许忧患意识和危机感。

① 中国新闻网，2009年4月22日。

我国人口众多，资源相对短缺，但单位GDP的能耗、物耗和水耗远远大于发达国家和世界平均水平。伴随我国经济的高速增长，资源能源消耗已经成为经济社会可持续发展的瓶颈因素和最大障碍。

中国到2020年全面进入“小康社会”面临的最大障碍之一，是资源短缺。据中国国土资源经济研究所预测，中国现有的45种主要矿产资源的储量，能够保证2010年供给的只有24种，能够保证2020年供给的只有6种，其中最短缺的是油、气资源。以石油资源为例，目前中国已探明的石油储量为220亿吨，但可进行工业开采的储量只有65亿吨，人均5吨。与美国年消耗石油总量9亿吨、人均年消费4吨相比，中国人均石油消费量如果达到美国现有水平，即使将目前可开采的全部后备石油采出来，也只够用1年零3个月。

如果说现有资源家底让我们无法乐观，那么更让人担忧的则是资源利用率明显偏低。全国政协委员、中国科学院可持续发展战略研究组首席科学家牛文元说，经过多年计算的平均结果显示，中国经济成长的GDP中，至少有18%是依靠资源和生态环境的透支获得的。2003年，中国消耗了世界钢铁总产量的30%、水泥总产量的40%、煤炭总产量的31%，但GDP仅占世界的4%。中国的万元GDP能耗水平是发达国家的3～11倍，单位国民生产总值的能耗高于世界先进水平37倍，主要原材料消耗高于530倍。我国能源消费强度远高于发达国家和世界平均水平，约为美国的3倍、日本的7倍；单位产值能耗是世界上最高的国家之一，每公斤标准煤创造的GDP仅为

0.36美元，而日本为5.58美元，约是我国的15倍，世界均值为1.86美元；工业锅炉能耗效率为60%，低于发达国家20个百分点；主要产品单位能耗平均比国际水平高40%，单位建筑面积采暖能耗相当于气候条件相近的发达国家的3倍；每年工业部门多消耗2亿～3亿吨标准煤，约占全国总消费量的1/5。我国目前能源利用效率仅为34%，相当于发达国家20年前的水平，相差10个百分点。有人比喻说，中国能源利用是“吃一碗，倒两碗”。

能源利用率低的另一面是能源开发浪费惊人。陕西省煤炭工业局副局长曾说，按国家《煤炭工业技术规范》要求，矿井采区回采率最低不应小于75%，但现在陕西省没有一家煤炭企业回采率达到规定要求，全省煤炭资源回采率平均不到30%。这使得从储量上看能开采上百年的煤矿实际上仅三四十年就会开采殆尽。

新疆煤炭预测储量占全国的40%，约为2.1万亿吨，是中部煤炭产量衰减后国内重要的煤炭接续产区，然而同样的情况也出现在这里。新疆乡镇煤矿平均回采率仅为10%～15%，国有地方煤矿约有30%，直属国有重点煤矿也不足60%。

陕西、内蒙古等西部能源产区煤层较厚，新疆一些煤层平均厚度可达50米，而部分企业使用仅高4.8米的综采支架，直接从中间采掘，对资源的浪费难以估量。

石油开采中综合利用率也较低。新疆油田的回采率平均为40%，而陕北一些油井的回采率不足20%，这意味着埋藏于地下的原油每吨仅能开采出100多公斤，而其余800多公斤都白白浪费掉。资源大量浪费的背后是石油开采企业仅从成本考虑，拒绝采用提高采收率的注水技术。

此外，资源勘探规划滞后也在很大程度上造成资源利用率低下。在陕西和内蒙古，许多矿区没有经过详查，也没有统一的开发规划，政府部门多头管理造成一些矿区开发秩序混乱。多家企业在同一煤田地质区块上分别开采的情况比较普遍；长庆油田和陕北各县区的石油钻采公司也在同一区块争夺资源，并由此冲突不断。在这种无序开发局面中，一些企业“挑肥拣瘦”，导致严重的资源浪费。

面对这样一种形势，人们很自然地要提出一个问题：中国的资源还能支撑多久？

多年来，我们一直在加强植树造林，每年人工植树造林的面积可覆盖整个瑞士，但我国天然森林的面积却在一年年减少，960 万平方公里的大地上几乎到处都留下了绿色的创伤。如果对盲目开发森林资源的现象放任自流，那么无须多久中国仅有的最精华的天然林资源即将消耗殆尽，18 世纪许多经济发达国家发展初期的“无林化”现象同样会在中国出现。近 100 年来中国原有的森林面积已经减少了 50％，木材蓄积量减少了 33％。在中国 130 多个林业局中已有 36 个局的可采资源基本枯竭。如果继续采伐下去，5 年至 10 年之后，其余林业局所属的可采伐资源也将基本耗尽，而且森林质量也将越来越差。也就是说，如果不采取断然措施，在中华人民共和国成立后半个多世纪的时间里，中国将不仅没有可供采伐的成熟林，而且就连提前投入消耗的中龄林五年左右也基本砍光。

再看看对国民经济和人民生活密切相关的石油。根据国内数据，中国2010年消耗石油4.39亿吨，2011年消耗石油4.7亿吨，2012年消耗石油4.93亿吨。2012年中国自产石油每年2.04亿吨，进口2.8亿吨，为历史最高值。石油对外依存度升至58%左右，到2013年11月止，当年中国进口原油约2.8亿吨，维持在57%，而这一数字在20世纪初仅为32%。国际上一般将石油对外依存度达到50%视为“安全警戒线”，一旦超过警戒线，则需警惕石油能源安全问题。2013年还有一件事值得关注：根据美国能源信息署（EIA）的数据，2012年12月，美国石油净进口量跌至598万桶/天，为1992年2月以来的最低点。另据中国海关的数据，当月中国石油净进口量为612万桶/天，中国超过美国成为第一大石油净进口国。

上面说的是消耗，再看一看储量。截至2010年底，累计查明石油地质储量312.8亿吨，如果以这个数字，不考虑人口增加的因素，按2012年5亿吨的不变消耗量静态计算的话，石油储备仅够60年消耗。当然，这种计算不是科学的，因为没有把增长的需求考虑在内，更没有把新增的储量考虑进去，只是为使人们能直观地感受到资源的不堪重负。

经济学上有一种“牧童经济”的比喻。所谓“牧童经济”就是指对地球上的资源无所顾忌地进行开发，就像牧童在辽阔的草原上无限制地放牧那样。我们现在对待资源的做法就像是“牧童经济”。如果继续沿用高消耗、高能耗的粗放型发展模式，那么我国的资源将难以为继。

2. 环境危机迫在眉睫

环境是指围绕着某一事物，并对该事物会产生某些影响的所有外界事物，即环境是指某个主体周围的情况和条件。对生物学来说，环境是指生物生活周围的气候、生态系统、周围群体和其他种群。

环境危机就是指人生活周围的情况和条件，即气候、生态系统出现了较大的危险。这种危机的实质是人类赖以生存的自然环境的破坏，已经严重威胁到人类的生存。

目前人类正面临有史以来最严重的环境危机，对此有不同的归纳，多的提出有十种，具体是：

（1）大气污染、酸雨成灾。由于世界人口的剧增，现代工业和都市的发展，人类燃烧煤、石油、天然气等矿物燃料，并向大气中排放大量有害物质。据测算，每年向大气中排放的硫氧化物达 1.6 亿吨、氮氧化物 0.5 亿吨、一氧化碳 3.59 亿吨、二氧化碳 5.7 亿吨，以及大量有害的飘尘。由此造成空气质量严重下降，全球有 6.25 亿人生活在空气污染的城市中，发达国家的工业城市和发展中国家的一些城市也笼罩在烟雾之中。同时，向大气中排放的硫氧化物、氮氧化物与空气中的水汽结合形成酸雨，对生态系统和人类财产造成严重危害。

（2）全球气候变暖主要是因为最近 100 多年来人类大量燃烧煤、石油和天然气，排放大量二氧化碳等温室效应气体造成的。100 多年来，大气中二氧化碳的含量增加了 30％，甲烷增加了 145％，一氧化二氮增加了 15％，导致全球平均气温上升了 0.3℃～0.6℃。据联合国 1997 年度世界资源报告预测，到

2020年全球能源消耗将增加50%～100%。由此造成的二氧化碳等温室效应气体排放量将增加45%～90%。据估计，在未来的100年中，全球气温可能再升高1.0℃～3.5℃。地球气温升高，将引起南北极的冰川融化，使海平面上升；同时也对农业、水源等产生严重的影响，对人类的生存构成威胁。

（3）臭氧层被破坏。臭氧层被破坏与氯氟烃大量排放有关。20世纪中期以来，氯氟烃作为制冷剂、泡沫发生剂、灭火剂等广泛应用。当氯氟烃进入大气后，在光作用下进行分解，释放出大量的氯，诱发连锁反应，极快地破坏臭氧分子。1995年科学家报告说，南极上空的臭氧层空洞，相当于两个欧洲大陆的面积，而且在西伯利亚、英伦三岛和南美洲等处上空也发现臭氧层空洞。

（4）淡水资源的紧张和污染。世界淡水资源面临两个难题：一是缺水，二是污染。后者又加剧了前者的程度。目前全世界有100多个国家缺水，其中40多个国家严重缺水，占陆地面积的60%；20多亿人缺乏清洁水，14亿人口在没有废水处理设施的状况下生活。加之长期以来，污水治理没有得到根本解决。全世界每年有4260亿吨各种工业废水和城市生活污水排放造成了几千条河流、数千个湖泊和大多数近海不同程度的污染。事实表明，水质污染引发的疾病已成为人体健康最主要的危害。

（5）海洋污染。长期以来，人类一直把海洋当作最大的天然垃圾桶，特别是工业发达国家每年都向海洋倾倒大量的工业废物，造成了海洋污染。同时，海上石油污染，严重影响了海水复氧和海洋生物的生存，导致各种鱼类的大量减少。应该指出，海洋污染的有毒成分正通过生物链又传给人类，危害不容忽视。

（6）土地资源的退化。土地是人类生息繁衍之地。半个世纪以来，由于人类对土地的过度开发和其他活动的影响，已引起全球土地资源的退化。土地资源退化的最主要表现是水土流失、盐碱化和沙漠化，三者是相互影响、相互作用，引起连锁反应，产生严重后果。据测算，全世界每年水土流失量约为240亿吨；每年有600万公顷土地沙漠化，其中320万公顷是牧场，250万公顷是依靠降雨的耕地，12.5万公顷是灌溉耕地，使近1/6人口的生存环境受到影响。

（7）森林锐减。森林作为陆地生态系统的重要组成部分，起着调节气候、保水固土、保护生物多样性、美化环境等多方面的作用。近几十年来，由于世界人口剧增和毁林开荒，导致森林锐减，每年丧失1700～2000公顷面积的森林。据联合国粮农组织统计，地球上每分钟就有2万平方米的森林被毁掉，特别是热带雨林的大规模被破坏。森林的破坏对全球的生态环境的影响是巨大的。人们在对森林锐减进行深刻的反思后，许多国家开展了大规模的植树造林运动。

（8）生物多样性减少。由于大自然的进化，造就了地球上生物的多样性。近百年来，由于人类大规模农业生产和改造自然活动，导致生物物种的大量灭绝。据估算，现在每年有5万个生物物种灭绝，即平均每天灭绝的物种达140个。应该指出，生物多样性是维持自然生态平衡和人类生存发展必不可少的基础。

（9）有毒化学品和危险废物。据估计，全世界每年排放的各种工业废弃物和城市垃圾等约100亿吨，其中5%～10%属于危险废物。人们处理这些有害废物的方式，通常采用掩埋、焚烧或向大海倾倒。但是这些方法既不能消除危险废物的毒害性，也不能阻止向自然界的扩散，只会带来更严重的污染后果。应该指出的是，一些工业发达国家将有害废物进行越境转移，特别是向发展中国家转移，更加促使局部污染的全球化。

（10）环境公害。噪声对环境的污染如同工业“三废”一样，是一种危害人类的环境公害。噪声能引起耳聋、心烦、疲劳、头痛、记忆力减退，强噪声会使人眩晕、恶心、视力模糊、血压和脉搏发生波动，影响人们的正常生活和健康。噪声按其来源主要是气体动力噪声、机械噪声和电磁性噪声，特别是城市环境的交通噪声、施工噪声等影响更大。

酸雨被称为“空气中的死神”，泛指pH值小于5.6的雨雪或其他形式的大气降水，是大气受污染的一种表现，最早引起注意的是酸性的降雨，所以习惯上统称为酸雨。

酸雨的形成是一种复杂的大气化学和大气物理现象，酸雨中含有多种无机酸和有机酸，但绝大部分是硫酸和硝酸，多数情况下以硫酸为主，硫酸和硝酸是由人为排放二氧化硫和氮氧化物转化而成的，二氧化硫和氮氧化物可以是当地排放的，也可以是从远处迁移来的高烟囱排放物。例如，煤和石油燃烧以及金属冶炼等释放到大气中的二氧化硫，通过气相或液相氧化反应生成硫酸。硫和氮本是营养元素，弱酸性降水可溶解地壳中的矿物质，供动植物吸收。如果酸度过高，pH值降到5以下，就可能使生态系统遭受破坏和损害。同时，酸雨还会腐蚀建筑材料、金属结构、油漆等，古建筑、雕塑像也会因此而遭破坏。所以有人把酸雨形容为“空中死神”“空中恶魔”。

我国酸雨遍布22个省、自治区和直辖市。主要的污染区是在长江以南，以西南地区最为严重，包括重庆、自贡、贵阳、柳州、南宁等城市。主要起因于燃用高硫煤和大气污染以及气象、地理等条件不好。这些地区的酸雨危害仍呈发展的趋势。贵州、柳州、重庆等地出现了树木不同程度叶黄、坏死、提前掉落，还有大麦、水稻死苗的现象。酸雨进入人体，人就会渐渐衰弱不堪，严重者会导致死亡。据报载，1980年仅一年内，美国和加拿大就有5万余人成了“空中死神”的猎物。

控制酸雨的根本措施是减少二氧化硫和氮氧化物的人为排放量。为此，首先必须限制二氧化硫和氮氧化物的排放；必须改造燃烧技术，并对污染源进行消烟和脱硫处理；还必须开发低污或无污新能源；最后可以通过绿化、种植耐酸抗污树种，来吸收和清除大气中的二氧化硫和氮氧化物。

臭氧层位于大气平流层中的20～25公里处，是地球上芸芸众生的保护伞，它能够吸收掉99%太阳辐射到地球的紫外线，对地球形成天然屏障，使地球上的生命免遭紫外线强烈辐射的伤害。然而地球的臭氧层正在遭受破坏。在南北极上空出现了臭氧层空洞，在北纬30°～60°地区的上空臭氧层也日渐稀薄。据估计，如果地球上臭氧层减少1%，则太阳紫外线的辐射量大约要增加2%，紫外线辐射能影响蛋白质和脱氧核糖核酸，使细胞死亡。由此而引发的皮肤癌患者将增加5%～7%，白内障患者也将增加0.2%～0.6%。此外，紫外线的增加还会引起海洋浮游生物及虾、蟹幼体、贝类的大量死亡，造成某些生物的灭绝；使主要作物小麦、水稻减产，过量的紫外线还可引起气温上升，以致带来难以想象的灾难。

为了使臭氧层免遭破坏，必须限制主要破坏物氯氟烃类物质的生产量和消耗量。要禁止或减少氯氟烃的生产和使用，这就必须研究和制造对环境无害的氯氟烃替代品和替代技术，同时要加强回收和循环利用技术的研究和推广应用。

大气中二氧化碳含量逐年增加，太阳短波辐射可以通过大气层射入地面，而地面增暖以后所放出的热辐射却被大气中的二氧化碳等气体所抑制或吸收，难以逸出高空，使大气增温，全球气候变暖，犹如花房效应一样，故称为温室效应。

全球气温明显上升始于1980年。在过去100年内最暖的五年即发生在80年代，即1980、1981、1983、1987和1988年。科学家们的预言，人类如不采取必要的措施，到2020年至2050年，大气中二氧化碳含量将比工业革命时（1850年）增加1倍，全球平均气温有可能升高1.5℃～4.5℃，变暖速度是过去一百年的5～10倍。

温室效应是一种大规模的环境灾难。它不仅使全球气候变暖，还会使全球降水量重新分配，全球降水可能增加7%～10%，赤道地区全年降水增加，而相邻纬度则可能少雨，北半球中高纬地区夏季将明显少雨。引起土壤干旱，严重的地区将会出现沙漠化，以及冰川和冻土消融，海平面上升等，既危害自然生态系统，又威胁人类的食物供应和居住环境。生物是全球变暖首当其冲的受害者。森林、湿地和极地冻土的破坏，导致生存在其中的许多物种加速灭绝。海水变暖、冰川冰帽消融和海平面升高，亚洲低洼三角洲和泛滥平原上的水稻种植遭受的经济损失，将无法估量；大片沿海湿地上的水产养殖将被吞没。最大威胁不是平均气温升高，而是出现极端高温，百年不遇的干旱，异乎寻常的热浪，行凶肆虐的飓风和龙卷风等带来的灾难是致命的，更加重了对食物供应的威胁。世界上大约有1/3的人口生活在沿海岸线60公里范围内，如果全球变暖，海平面升高，一些城市、城镇和乡村有可能被淹没。

具体到中国，当前人们切身感受到最直接的环境危机是空气、水和土壤。

2013年6月6日，环境保护部发布《2012中国环境状况公报》显示，2012年的监测结果表明，全国环境质量状况总体保持平稳，但形势依然严峻。报道中提到，全国城市空气质量总体稳定，325个地级及以上城市环境空气质量仍执行《环境空气质量标准》（GB3095—1996），据此评价，达标城市比例为91.4%，但执行《环境空气质量标准》（GB3095—2012）后，达标城市比例仅为40.9%。113个环境保护重点城市环境空气质量达标城市比例为88.5%，按环境空气质量新标准评价，达标城市比例仅为23.9%。酸雨分布区域主要集中在长江沿线及以南、青藏高原以东地区，酸雨区面积约占国土面积的12.2%。公报讲得很清楚，按旧标准城市空气质量合格率在九成左右，但要按新标准只有二至四成。

就在环境保护部发布公告前几个月，中国东部地区经历了令人震惊的“雾霾”天气。2013年1月13日，京津地区、河北中南部、河南东北部、江苏中北部、四川盆地、重庆西部、湖南中南部、贵州南部、云南东南部、广西中北部等地有能见度不足1000米的雾，部分地区能见度不足200米。白天至夜间，华北的平原地区、黄淮中西部、长江中下游地区以及华南南部等地的部分地区有霾。在全国74个监测城市中，有33个城市的部分监测站点检测数据超过300，即空气质量达到了严重污染，并进一步向南北扩张。

2013年冬春，雾霾天气笼罩中国中东部大部地区，大雾造成较为严重的空气污染，多地PM2.5指数直逼最大值。雾霾持续时间长，覆盖面积广，最多时笼罩180万平方公里。江苏大部、河南中西部、山西西南部等地雾霾天数超过10天。江苏、河南的平均雾霾日数分别为13.7天、9.9天，均为1961年以来同期最多。此后10天，长江中下游等地还有间歇性雾霾。一时间，全球都在议论北京大雾。在重重白雾中，《人民日报》的头版发出了《美丽中国，从雾霾中突围》的号召，《光明日报》则刊出《同呼吸共责任》的专栏，海外媒体纷纷以《“最严重雾霾”袭击中国》《十面“霾”伏为中国发展敲警钟》为题竞相报道。连日的灰霾、呛人的空气令很多人都染上了网友们戏称的“北京咳”。2月21日至27日北京持续雾霾，连续多日发出霾橙色预警，即第二严重级别的霾预警。

谁是雾霾的祸首？其成因复杂，燃煤排放居首位。中国能源网首席执行官韩小平算了一笔账：2012年“我国共燃煤40亿吨，用于交通的燃油2亿吨。煤的含硫量约为1%～2%，欧

Ⅲ标准油的含硫量则为 150 ppm（0.015%）。也就是说，2012 年我国燃煤至少释放了 4000 万吨二氧化硫，交通燃油释放了 3 万吨二氧化硫。”这意味着，燃煤乃是长期以来影响我国空气质量的头号污染源。中国疾病预防控制中心与国际环保组织绿色和平联合发布的报告也指出，燃煤造成的污染占中国烟尘排放的 70%、二氧化硫排放的 85%、氮氧化物排放的 67%以及二氧化碳排放的 80%。同时，燃煤污染物的扩散范围可达数千公里，相当于北京到上海，甚至是北京到广州的距离。

环保部的分析数据表明，在我国大气污染物中，70%左右的二氧化硫来自于电力企业、钢铁行业和建材行业。显而易见，人类污染物排放是造成雾霾天气的内因，可以说是“主谋”。

而中科院专项组的研究显示，在京津冀雾霾污染最严重的 1 月 13 日，当 PM2.5 突破 600 微克/立方米时，PM1 突破了 300 微克/立方米，PM1 中有机物、硫酸盐、硝酸盐、铵盐、氯化物浓度分别达到 160、70、40、30 和 15 微克/立方米；但硫酸盐、硝酸盐和铵盐增长幅度大于有机物，上述四类物质依硫酸盐、硝酸盐、铵盐和有机物次序比平时晴好天气分别增长 30、20、20 和 10 倍！这让专项人员感到很疑惑，从绝对量分析有机物增长最多，那么大量的有机物究竟从何而来？

经过源解析技术，这些包括含氮有机颗粒物在内的有机物被识别出了四类有机组分：氧化型有机颗粒物，主要来自北京周边；油烟型有机物，主要来自局地烹饪源排放；氮富集有机物，还有烃类有机颗粒物，主要来自于汽车尾气和燃煤。其中氧化型有机颗粒物在整个污染过程所占比例为44%，其余三个组分别占21%、17%和18%。

专项组将这些因素归结为“人为粗放式排放和自然生态被破坏的直接后果”。在北京地区，机动车为城市PM2.5的最大来源，约为1/4；其次为燃煤和外来输送，各占1/5。对于整个京津冀区域，专项组认为，应重点控制工业和燃煤过程，重点在于燃烧过程的脱硫、脱硝和除尘；同时要高度关注柴油车排放和油品质量。[①]

看来，控制灰霾还是需要从控制污染物排放着手。

说到尾气排放与雾霾，多少有些令人不解。北京的油品质其实是全国最好的。国家油品标准委有完整的国Ⅰ至国Ⅴ的技术标准，而目前全国大部分地区使用的仍然是国Ⅲ标准油品，上海等地率先使用了国Ⅳ标准油品，北京则从2012年5月起就开始使用国Ⅴ标准油品。以硫含量来看，国Ⅴ标准硫含量要求低于10 ppm，国Ⅳ标准要求低于50 ppm，国Ⅲ标准要求低于150 ppm。而美国、欧洲实施的成品油排放标准硫含量分别是低于30 ppm、10 ppm。

我国早在2011年5月12日就实施了汽油的国Ⅳ标准，过渡期是到2014年1月1日，计划2014年供应国Ⅳ汽油。

这就产生问题的两个方面。一方面，不是国家技术标准低，也不是没有脱硫技术，但大部分地区用的还是国III标准的汽、柴油，一些地区提高排放标准迟迟难以实施，这就需要

① 主要数据引自《中国青年报》，2013年2月16日。

立法强行推动执行高标准。另一方面，相关研究表明，通过“脱硫”工艺将油品升级可降低“燃油污染”的想法其实并不准确。脱硫的主要工艺过程是加氢，而加氢在提升排放标准的同时，汽油中的辛烷值也会随之降低。脱硫过程必须加入添加剂作为辅助，而添加剂的使用可能带来新的污染，而且在工艺流程中同样需要大量消耗燃煤，造成大气污染排放。这也是很多国家和地区并不过分苛求油品含硫量的原因。

据了解，欧盟和日本将汽油和柴油中的含硫量降至 10 ppm，美国是 30 ppm。虽然纽约的汽车保有量大大超过北京，但纽约的空气清洁程度却远远好于北京。因此，重要的不是追求最高的汽油品级，而是强调汽车与汽油品质的匹配，寻求最佳的经济效益和环保效果平衡点。[①]

要从根本上解决 PM2.5 污染问题，必须转变生产方式，改变生活方式，改善生态环境，实施多污染物协同控制，强化多污染源综合管理，开展区域联防联控。

十多年前的沙尘暴曾是记忆中最大的空气危机，但和现在的雾霾比较起来，大家似乎宁可两害相权取其轻，选择沙尘。因为至少沙尘没有那么多光化学物质，对人的影响毕竟要小得多。

水是生命之源，生产之要，生态之基。人的生命须臾不可离开水。中国水生态环境呈恶化趋势。

国务院于 2010 年至 2012 年开展了第一次全国水利普查。

① 引自 2013 年 2 月 7 日《新华每日电讯》。

根据普查结果，全国共有流域面积50平方公里及以上河流45203条，总长度为150.85万公里；常年水面面积1平方公里及以上湖泊2865个，水面总面积7.80万平方公里（不含跨国界湖泊境外面积）；共有水库98002座，总库容9323.12亿立方米；共有水电站46758座，装机容量3.33亿千瓦；共有灌溉面积10.02亿亩。国家还在高分辨率电子地图上，建立了数字河流水系，标绘了重要水利对象的空间信息，形成了水利对象的空间分布图。

通过水利普查，第一次查清了流域面积在50平方公里以上河流的条数和长度，第一次查清了9000多万个小微型水电站、水闸、泵站、地下水井、农村供水工程数量和分布情况，第一次查清了50亩以上灌区数量和面积，第一次查清了青海湖、西藏纳木措、新疆艾比湖等西部重要湖泊的容积。而且获得了多年来一直想掌握但没有条件获取的中小河流、小微型工程基本资料，全面了解了这些点多量大面广，与群众生活、农业生产、生态环境密切相关的河流、水利设施基本情况。摸清了水利家底，填补了重大国情国力信息空白，完善了国家基础水信息体系。

普查数据变化最大的是河流的数量，公报显示，流域面积在100平方公里及以上的河流有22909条，而20世纪90年代这个量级的河流我国有5万多条。由此可见河流的断流，河床的干涸、龟裂就发生在我们身边，这是不争的事实。

目前我国主要河流清洁的一、二、三类水占全国水资源比例仅为1/5，四类水和五类水各占1/5左右，还有近2/5的水都达不到Ⅴ类水。污染是怎么造成的呢？据 2013 年两会期间政协的一份提案披露，江河湖泊已经成为农村生活垃圾的主要倾倒场所。中国农村地区每年大约制造 1.9 亿吨生活垃圾，其中绝大部分在未经回收或适当处理的情况下被随意堆在路边，或者倾倒在桥下、农田里和河岸上。随着生活水平的提高，农村垃圾的多样性和数量已经显著提高。在农村地区，生活垃圾过去主要由厨房垃圾以及烧煤或烧柴的残渣组成，如今农村倾倒的垃圾中有更多的塑料包装和卫生用品，甚至还有家具。在过去绝大多数生活垃圾是可降解的，且生活垃圾的数量有限，可以被大自然的自洁能力所吸收，但现在垃圾的数量和种类已经远远超出了自然吸收的能力，对环境构成威胁。2013 年 2 月，网友发起了一场寻找污染河流的运动。从网友上传的照片里可以看到，一些河面上满满的全是垃圾。福建省永定县的一条小河成了垃圾倾倒处，人们倾倒的垃圾包括玻璃瓶、塑料袋、旧灯笼、家具。在一些极端的情况下，河流甚至被堵塞。每年夏天，三峡水库都要打捞出 15 万～20 万立方米的垃圾，以免垃圾堵塞闸门。

除了倾倒垃圾，更为严重的是工业废物排放。

2013 年 2 月，浙江省温州杭州毛源昌眼镜有限公司董事长金增敏出 20 万元人民币作为奖金，请瑞安市一名环保官员下河游泳。该河是瑞安仙降街道的金光村和横街村交界处的一条内河。这条河是金增敏小时候和小伙伴一起游泳、母亲洗衣的地方，今年春节回去，没想到看到的是这条河流的河面上全是生活垃圾和一家鞋厂倾倒的废橡胶。橡胶鞋厂污水都是直接排放到河里，废气也是直接排放的。

毛源昌在微博上叫板环保局长，引起了很多人的关注。温州苍南又有一名网友将悬赏额提高至30万元“请苍南环保局长下河游泳”。该网友称，苍南龙港镇内所有河道都是污水横流、臭气熏天，市民健康受到威胁，希望能引起环保部门的重视。

这样做的目的是为了引起媒体和社会各界关注河流污染的严重情况。这是在迫不得已而为的情况下采取的一种带有行为艺术的做法，是对地方环保工作不力的一种软性鞭笞。

其实岂止是上述两个地方，污染严重，尤其是在养殖业发达的农村地区，养殖场的牲畜粪便污水随便排入河流，造成的污染不仅仅是当地，而且连带下游所有的村落都受影响。

水是具有流动性和循环性，本地污染，异地传播。2013年3月8日至3月20日，上海黄浦江上万头漂浮的死猪。死猪来自上游的浙江嘉兴，腐烂的死猪对黄浦江造成的污染危及到上海市民饮用水的安全。

地面水如此，地下水的情况又是怎样的？2011年8月24日，国务院常务会议的信息显示，我国地下水开采总量已占总供水量的18%，北方地区65%的生活用水、50%的工业用水和33%的农业灌溉用水来自地下水。全国657个城市中，有400多个以地下水为饮用水源。随着我国城市化、工业化进程加快，部分地区地下水超采严重，水位持续下降；一些地区城市污水、生活垃圾和工业废弃物污液以及化肥农药等渗漏渗透，造成地下水环境质量恶化、污染问题日益突出。地下水不同程度遭受有机和无机有毒有害污染物的污染，已呈现由点向面、由浅到深、由城市到农村不断扩展和污染程度日益严重的趋势，北方污染程度要大于南方。

2011年的数据是：118个大中城市地下水监测统计结果表明，较重污染的城市占64%，也就是说，大致有75个大中城市地下水属于较重污染区，33%的地下水受到轻度污染，基本清洁的城市地下水只有3%。在区域上，我国地下水“三氮”污染突出，主要分布在华北、东北、西北和西南地区。农村约有3.6亿人喝不上符合标准的饮用水。

2012年的数据是：国土资源部《2012中国国土资源公报》显示，全国198个地市级行政区4929个地下水水质监测点，近六成地下水为“差”，其中16.8%监测点水质呈极差级。这次监测点总数为4929个，其中国家级监测点800个。依据《地下水质量标准》（GB/T14848－93），综合评价结果为水质呈优良级的监测点为580个，占全部监测点的11.8%；水质呈良好级的监测点为1348个，占27.3%；水质呈较好级的监测点为176个，占3.6%；水质呈较差级的监测点为1999个，占40.6%；水质呈极差级的监测点为826个，占16.8%。主要超标组分为铁、锰、氟化物、“三氮”（亚硝酸盐氮、硝酸盐氮和铵氮）、总硬度、溶解性总固体、硫酸盐、氯化物等，个别监测点存在重（类）金属项目超标现象。

2013年3月，环境保护部会同国土资源部、住房和城乡建设部及水利部编制了《华北平原地下水污染防治工作方案》。《方案》指出，初步调查表明，华北平原局部地区地下水存在重金属超标现象，主要污染指标为汞、铬、镉、铅等，主要分布在天津市和河北省石家庄、唐山以及山东省德州等城市周边及工矿企业周围；局部地区地下水有机物污染较严重，主要污染指标为苯、四氯化碳、三氯乙烯等，主要分布在北京市南部郊区，河北省石家庄、邢台、邯郸城市周边，山东省济南地区至德州东部，河南省豫北平原等地区。

海河流域受污染地表水入渗补给是地下水污染的重要原因。2010年，该流域废水排放量高达49.73亿吨，未达标的断面比例为60.6%，污染严重河流渠道、过量施用化肥和农药以及不达标的再生水灌溉区等对地下水环境影响显著。

重点污染源排放也是造成地下水污染的重要原因。华北平原石油化工行业（包括勘探开发、加工、储运和销售）、矿山开采及加工、生活垃圾填埋场、工业固体废物堆存场和填埋场、高尔夫球场等重点污染源对地下水产生点状、线状污染，部分中小型企业产生的废水未加处理通过渗井、渗坑违法向地下排放直接污染地下水。此外，华北平原地下水环境监管能力低下、监测网络不健全、管理制度不完善等也直接影响地下水污染防治工作。

地下水污染不易清除，也不可能在短时期内净化。污染持续时间长，自然净化期长达数百年以上，污染后再治理相当困难，因此这一问题必须引起高度重视。

从纯技术的角度说，土壤是为作物提供养分和水分，同时也作为作物根系伸展、固持的介质。土壤不仅仅是储存、供应养分，而且在土壤中各种养分都进行着一系列生物的、化学的和物理的转化作用。

土壤污染的影响是根本性的，仅靠土壤自然恢复，一般需要两三百年。中国环境科学研究院研究人员表示，土壤一旦发生污染，短时间内很难修复，相比水、大气、固体废弃物等环境污染治理，土壤污染是最难解决的。土壤重金属具有生物累积性，直接或间接威胁人类健康，粮食、蔬菜乃至饮用水中的重金属含量与土壤重金属污染直接相关，耕地重金属污染成了威胁农产品质量和人类健康的隐患。

2010 年底，媒体曝出武汉在污染土地上建起经适房的消息，土壤重金属污染走到了与公众前所未有的近距离。开发商称项目建设时已对污染土壤进行了修复治理，然而潜在的二次污染风险仍让住户担忧。城区大量化工企业搬迁后，如何开发遗留下的污染场地，是武汉要面对的考验，也是全国性的难题。

2007 年，有人曾针对中国六个地区（华东、东北、华中、西南、华南和华北）县级以上市场的 170 多个大米样品进行了随机采购和科学调查，结果发现，在抽调的这 170 多个大米样品中，有 10%的市售大米存在着镉超标的问题。这个研究结果和 2002 年农业部稻米及制品质量监督检验测试中心对全国市场稻米进行安全性抽检结果镉超标率 10.3%的结论基本一致。重金属镉正通过农产品产地的污染土壤侵入稻米是不争的事实。

镉这种重金属的元素代号为“Cd”，在自然界中多以化合态存在，含量原本很低。镉从消化道进入人体，其对人体的危害，主要是蓄积在肝肾中，从而影响肝肾器官的正常功能，长期过量接触镉会引起慢性中毒，对肾造成损害，晚期病例则会出现肾功能不全，并可伴有骨骼病变；短时间内吸收大量的镉可引起急性中毒，出现恶心、呕吐、腹痛等症状，甚至可因肝肾综合征死亡。1931 年发生在日本富山县的“痛痛病”，便是镉环境污染进而导致人体慢性镉中毒的典型案例。对此，国土资源部、中国地质调查局已宣布，我国正在绘制土壤重金属元素“人类污染图”，全面会诊土壤污染状况。

随后连续发生的几起重金属污染事件，或引起了公众对食品安全的关注，或带来了对污染场地再开发的思考，或增益了流域综合治理的实践。事件之后，我们不能不对我国的重金属污染治理进行反思。

从政策层面来看，一方面，当务之急是加强环保监管。国务院 2011 年已正式批复《重金属污染综合防治“十二五”规划》，提出了控制目标，明确了重点防控地区、行业和企业，明确了“源头预防、过程阻断、清洁生产、末端治理”的全过程综合防控理念。另一方面，加快重金属产业优化升级和布局调整，方是治本之道。我国重金属产业大多依托中西部地区，多为粗放作业，而矿产资源沿江布局是造成我国重金属污染的重要原因。

从技术层面来看，需要建立系统性的重金属防控技术体系。包括重金属污染源头控制、重金属污染环境风险评估体系与监测技术、重金属污染联合修复技术等。

2012 年 3 月，环保部、国家发改委、工信部、监察部、司法部、住建部、工商总局、安监总局、电监会联合发布通知，要求在2012年深入开展整治违法排污企业保障群众健康环保专项行动。环保部部长周生贤表示，要以最严厉的措施整治重点行业重金属排放企业环境污染问题。

农药化肥污染同样严重。我国农药使用量达130万吨，是世界平均水平的2.5倍。我国农药和化肥的实际利用率不到30%，其余70%以上都污染环境了。不仅污染加重，而且还在转移扩散。污染的加剧导致土壤中的有益菌大量减少，土壤质量下降，自净能力减弱，影响农作物的产量与品质，危害人体健康，甚至出现环境报复风险。当前，我国土壤污染还出现了有毒化工和重金属污染由工业向农业转移、由城区向农村转移、由地表向地下转移、由上游向下游转移、由水土污染向食品链转移的趋势，逐步积累的污染正在演变成污染事故的频繁爆发。

中国粮食产量年年增长，可是在表面光鲜的外表下，隐藏的危险更值得我们重视。现在农民普遍感到土壤板结了，庄稼难种了。居民普遍感到果不香、瓜不甜、菜无味，蔬菜虽然数量多了，但难吃了。不仅如此，蔬菜中含有的有毒有害物质也比以前多得多。是什么原因导致农作物品质严重下降的呢?

事实上，由于我们片面追求粮食产量的增加，使得土壤环境受到了严重的破坏，不少地区农田中有机质的含量已经从50%～70%降低到1%的地步了。所谓土壤中的有机质就是各种动植物残体与微生物及其分解合成的有机物质，这导致如果不施用化肥的话，地里什么都长不出来。但是长期使用化肥会造成重金属污染，这些污染物一旦进入土壤后，不仅不能被微生物降解，还会通过食物链不断在生物体内富集，甚至转化为毒性更大的甲基化合物，最终在人体内积累危害健康。土壤环境一旦遭受重金属污染就难以彻底消除。

20世纪50年代，开发北大荒的时候，黑土层厚度约有80～100厘米。所谓黑土层，是指富含有机质的肥沃土壤。目前黑土层已经下降到20～40厘米，黑土层正以每年0.3～1厘米的侵蚀速率下降，如不及时治理，40～50年后大部分黑土层将流失殆尽。形成1厘米厚的黑土需要400年，形成1米厚的黑土4万年。如果以每年1厘米的速度流失，那么1米厚的黑土流失殆尽只需100年！

有关部门历时六年开展了全国土壤污染状况调查。结果表明，全国土壤环境状况必须引起高度重视，工矿业、农业等人为活动是造成土壤污染的主要原因。镉、汞等重金属元素与人类污染存在密切关系。重金属元素在土壤表层明显富集，这个和人口密集区、工矿业区存在密切相关性。与1994—1995年采样相比，土壤重金属污染分布面积显著扩大并向东部人口密集区扩散。

基于国土资源大调查的重要成果以及全国土壤污染状况的调查专项，全国多目标的区域地球化学的调查项目也已经发现，局部地区的土壤污染是严重的。比如说长江中下游的某些区域普遍存在镉、汞、铅、砷等异常。城市及其周边普遍存在汞和铅异常，而部分城市明显存在放射性异常。湖泊有害元素富集，土壤酸化严重。

国土资源部统计表明，目前全国耕种土地面积的10%以上已受重金属污染。2008年以来，全国已发生百余起重大污染事故，包括砷、镉、铅等重金属污染事故达30多起。频繁爆发的污染事故损失惨重，不仅增加了环境保护治理成本，也使社会稳定成本大增，而土壤污染修复所需的费用更是天价。地质学家指出，研究表明，我国土壤正出现越来越多本来没有或微不足道的危险元素。土壤一旦被污染，通过自净能力完全复原周期长达千年。为人类健康，必须持续加大对污染行为监管和惩治力度。对已被污染土地，要把污染源搞清楚并加以切断。这就需要国土、地质、环境、水利等部门要通力合作为大地“排毒”。

二、2013年的脚步

◎历时两年，长达2.6万字的循环经济发展战略

◎《发展战略及近期行动计划》提出四项重点任务

◎实施循环经济十大示范工程

◎创建百个循环经济示范城市（县）

◎培育千家循环经济示范企业（园区）

◎全国环境保护工作会议

◎破解能源资源和环境等“瓶颈”从治理大气污染做起

◎水污染防治和水资源的管理

◎土壤环境保护和综合治理

◎打击环境污染犯罪，不再“以罚代刑”

（一）循环经济行动计划

2013 年 1 月 23 日发布的《循环经济发展战略及近期行动计划》是国务院印发的 2013 年第 5 号文件，也是我国制定的第一部循环经济发展战略规划。这是一部长达 8 章 45 节 2.6 万余字的文件。是国家发展改革委员会同有关部门，在 42 个课题研究的基础上，历时两年多，经过前期调研、编制起草、专家论证、征求意见和修改完善等五个阶段编制完成，经国务院常务会议讨论通过并批准实施的。

文件针对的是我国能源资源需求呈刚性增长，废弃物产生量不断增加，应对气候变化压力加大，经济增长与资源环境之间的矛盾更加突出的现实，所以，必须加快发展循环经济，从源头减少资源消耗和废弃物排放，实现资源高效利用和循环利用，通过循环发展带动绿色发展、低碳发展，改变“先污染，后治理”的传统发展模式，全面提高生态文明水平。

“发展战略及行动计划”提出四项重点任务：构建循环型工业体系、构建循环型农业体系、构建循环型服务业体系、推进社会层面循环经济发展。

循环型工业体系包括：煤炭工业、电力工业、钢铁工业、有色金属工业、石油石化工业、化学工业、建材工业、造纸工业、食品工业、纺织工业、产业园区。

循环型农业体系包括：种植业、林业、畜牧业、渔业、工农业复合。

循环型服务业体系包括：旅游业、通信服务业、零售批发业、餐饮住宿业、物流业。

社会层面循环经济包括：再生资源回收体系、再生资源利用产业化、再制造、绿色建筑行动、绿色综合交通运输体系、餐厨废弃物资源化利用、绿色消费、实施大循环战略。

针对这些不同行业、领域发展循环经济，文件提供了清晰易懂的思路、模式和技术路线、实现途径。

在构建循环型工业体系方面，全面推行循环型生产方式，实施清洁生产，促进源头减量；推动资源综合开发利用，废物循环利用；推进园区循环化改造，实现能源梯级利用、水资源循环利用、废物交换利用、土地节约集约利用，促进企业循环式生产、园区循环式发展、产业循环式组合，增强产业可持续发展能力。

在构建循环型农业体系方面，加快推动资源利用节约化、生产过程清洁化、产业链接循环化、废物处理资源化，形成农林牧渔多业共生的循环型农业生产方式，推进农业现代化，改善农村生态环境，提高农业综合效益，促进农业发展方式转变。

在构建循环型服务业体系方面，推进服务主体绿色化、服务过程清洁化，促进服务业与其他产业融合发展，发挥服务业在引导人们树立绿色循环低碳理念等方面的积极作用。

在推进社会层面循环经济发展方面，完善再生资源和垃圾分类回收体系，推动再生资源利用产业化，发展再制造，推进餐厨废弃物资源化利用，实施绿色建筑行动和绿色交通行动，推行绿色消费，实施大循环战略，加快建设循环型社会。

“发展战略及行动计划”以建设循环型社会为目的，提出了循环型生产方式广泛推行，绿色消费模式普及推广，覆盖全社会的资源循环利用体系初步建立，资源产出率大幅度提高，可持续发展能力显著增强的中长期目标。同时，为促进循环经济尽快形成较大规模，提出了到“十二五”末资源产出率提高15%，资源循环利用产业总产值达到1.8万亿元等18项主要目标。另外，以全面推行循环型生产方式，推进社会层面循环经济发展为目的，提出了近80个量化的循环经济具体指标，内容涉及第一、二、三产业的节能、节水、节地、节材、资源循环利用等各方面。

“发展战略及行动计划”既着眼长远，提出加快转变经济发展方式，推进资源节约型、环境友好型社会建设，提高生态文明水平的长期战略，又立足当前，结合各产业、行业、社会的发展实际，提出了实施循环经济“十百千示范”行动，即实施循环经济十大示范工程、创建百个循环经济示范城市（县）和培育千家循环经济示范企业（园区）。

“十”是十大示范工程。包括资源综合利用示范工程、产业园区循环化改造示范工程、再生资源回收体系示范工程、“城市矿产”基地建设示范工程、再制造产业化示范试点工程、餐厨废弃物资源化利用和无害处理示范试点工程、生产过程协同资源化处理废弃物示范工程、农业循环经济示范工程、循环型服务业示范工程、资源循环利用技术产业化示范和推广工程。

“百”是创建百个循环经济示范城市（县）。选择一百个左右城市（县），创建国家循环经济示范城市（县）。示范城市（县）要全面推行循环型生产方式和绿色消费模式，率先构建起覆盖全社会的资源循环利用体系，资源产出率提高超出全国平均水平，探索实现转型发展的路子。

“千”是培育千家循环经济示范企业（园区）。选择一千家骨干企业或园区，树立循环经济典型。示范企业或园区的资源产出率，土地产出率，单位产值能耗、物耗、水耗、产业废弃物综合利用率，工业用水重复利用率等指标达到国内领先水平和国际先进水平。

实施循环经济“十百千示范”行动，以企业自主投资为主，各级政府通过现有政策和资金渠道给予必要的资金支持，重点支持相关公益性基础设施、公共服务平台、重点项目、能力建设、关键共性技术产业化示范及推广应用。引导金融和投资机构投向循环经济重大工程。鼓励企业通过自有资本、银行贷款、上市融资、发行债券等方式实施循环经济重大工程。

针对循环经济发展的重点、难点、热点，在思路、内容、体例、机制上要有很多创新点。比如，针对资源利用效率不高，再生资源水平低的“只循环不经济”，以及个别“二次污染”、再生产品质量安全、“地沟油”回餐桌等问题，提出了“高效利用，安全循环”的基本原则；针对党的十八大“培育生态文化”和“建立覆盖全社会的资源循环利用体系”的要求，提出鼓励开展循环文化创意活动，实施大循环战略，推进行业间、产业间、生产与生活系统、国内外资源循环利用的循环链接等措施。

针对当前社会上存在奢侈浪费现象，《发展战略及近期行动计划》以“减量化优先”为基本原则，把推广绿色消费模式作为发展循环经济的一项重要任务，围绕遏制奢侈消费、过度消费乃至浪费，提出了一些明确的、根本性的措施。首先，倡导文明、节约、绿色、低碳、循环的消费理念，发扬勤俭节约的优良传统，摒弃讲排场、摆阔气、奢侈浪费的陋习，提高全社会节能、节水、节粮意识。其次在消费环节，鼓励消费者购买和使用节能环保产品、环境标志产品、节能环保型汽车和新能源汽车、节能省地型住宅，减少使用一次性用品，抵制过度包装，鼓励网上购物、视频会议、无纸化办公，不消费珍稀野生动植物，提倡绿色出行，倡导生态旅游，杜绝随意丢弃垃圾。在餐饮住宿行业鼓励减少使用一次性木筷、快餐盒，以及客房一次性牙刷、剃须刀等用品，特别是餐饮企业要引导顾客适度点餐，餐后打包，坚决反对食品浪费行为，在零售批发业鼓励商贸流通企业开设绿色产品销售专区、专柜等，向消费者推介绿色产品，扩大绿色产品消费，带动绿色产品生产。另外，强化政府绿色采购制度，政府机关要在节能、节水、节纸、节粮等方面率先垂范，建设节约型政府，积极培育租赁业、旧货业发展，促进产品再利用。

《发展战略及近期行动计划》提出了八个方面的保障措施。

一是完善循环经济政策，具体包括产业、投资、价格和收费、财政、税收、金融等方面的政策。

二是健全法规和标准，完善循环经济促进法相关配套法规规章，研究制定限制商品过度包装条例、循环经济发展专项资金管理办法、汽车零部件再制造管理办法等，建立健全循环经济相关标准和计量检测体系。

三是加强循环经济管理和监督，实行生产者责任延伸制度，加强循环经济管理，探索市场化管理机制，加强监督检查。

四是强化循环经济技术和服务支撑，加快共性关键技术开发，加大技术装备产业化示范，加快先进适用技术推广应用，健全循环经济服务体系。

五是建立循环经济统计评价制度，建立统计核算制度和数据发布制度，制定循环经济评价指标体系，把资源产出率作为评价循环经济发展成效的综合性指标，加强统计能力建设。

六是强化循环经济宣传教育和人才培养，普及循环经济知识，宣传典型案例，推广示范经验，在全国建设一批循环经济教育示范基地，把循环经济理念和知识纳入基础教育、职业教育、高等教育相关课程。

七是加强循环经济交流与合作，利用各种国际交流平台，创新合作方式，宣传循环经济理念和模式，建设中日韩循环经济示范基地，共同推动绿色发展。

八是加强循环经济组织领导，国务院建立健全发展循环经济组织协调机制，研究有关重大问题，部署重大任务，把握实施进度和效果，进行定期监督检查。

为确保《发展战略及近期行动计划》有效实施，国家发展改革委还要制定全国循环经济年度推进计划，加强跟踪管理和评估。地方各级政府也要加强组织领导和统筹协调，建立相应的工作机制，抓紧编制和实施本地区循环经济发展规划和年度推进计划，出台配套政策。

（二）全国环境保护工作会议

《循环经济发展战略及近期行动计划》出台的第二天，1月24日，2013年全国环境保护工作会议在北京召开。

会议总结了2012年环保工作成效。

第一，主要污染物减排年度任务全面完成。将重点减排工程项目和保障措施落实到“六厂（场）一车”（火电厂、钢铁厂、水泥厂、造纸厂、城镇污水处理厂、畜禽养殖场和机动车）。目标责任书要求2012年完成的1276个项目基本建成投运，新增脱硝改造燃煤机组装机容量超过4000万千瓦。经核查核算，2012年全国化学需氧量、二氧化硫、氨氮、氮氧化物排放总量分别比上年减少3.05%、4.52%、2.62%、2.77%，全面完成年度减排任务。环境保护部对有关省级政府领导和中央企业负责人进行了约谈，对八个市（州）污水处理厂实施了挂牌督办。天津、陕西、甘肃等省（市）通过督察预警等方式，加快落实重点项目和减排措施。建立和完善了减排长效机制。加强对环境保护和污染减排政策措施落实情况监督检查，起草《脱硝电价和脱硝设施运行监督管理办法》，全国脱硝电价政策也即将出台。拟定了《“十二五”主要污染物总量减排统计监测及考核办法》，制定了《建设项目主要污染物排放总量指标管理办法（试行）》。

第二，环境保护优化经济发展作用进一步显现。继续推进战略环评、规划环评和项目环评。西部大开发战略环评稳步推进，金沙江水电基地分段实现全流域规划环评，七大流域各主要支流全面实施综合规划环评。坚决遏制了“两高一资”、低水平重复建设和产能过剩建设项目。2012 年，环境保护部共批复项目环评文件 240 个，涉及总投资近 1.4 万亿元，其中基础设施和民生工程项目 79 个，约占总投资的一半。对不符合要求的 24 个项目退回报告书、不予审批或暂缓审批，涉及总投资 1000 多亿元。下放部分环评审批权，配合做好社会风险评估工作。事业单位环评机构体制改革加快，两批 97 家试点单位中 22 家完成改制，47 家基本完成。

完善环境标准体系和深入开展清洁生产审核。新发布环境保护标准 68 项，对纺织染整、钢铁和焦化等工业行业进一步收严排放限值。现行国家环境保护标准达 1374 项，为推进产业结构调整发挥了积极作用。全面推进重点企业清洁生产审核，向社会公告 8775 家完成评估验收的企业名单。

第三，解决民生环境问题取得新进展。出台实施环境空气质量新标准。经国务院同意，发布新修订的《环境空气质量标准》和《环境空气质量指数（AQI）技术规定（试行）》。2012 年在京津冀、长三角、珠三角等重点区域，以及直辖市和省会城市开展 PM2.5 与 O_3 等项目监测。印发《空气质量新标准第一阶段监测实施方案》和《关于加强环境空气质量监测能力建设的意见》，明确开展第一阶段监测的范围、内容和要求。积极协调财政部等相关部委，争取专项资金。2012 年中央下拨地方补助资金 5.19 亿元，地方共投资约 4.3 亿元。京津冀、长三角、珠三角等重点区域，以及直辖市和省会城市共74个城市496个监测点位已按新标准开展监测，并于2013年1月1日正式对外发布监测数据。

强化饮用水源保护和地下水污染防治。国务院批复《全国农村饮水安全工程“十二五”规划》。环境保护部组织全国地级以上城市集中式饮用水水源环境状况评估，基本摸清321个城市833个水源地的基本情况。积极落实《全国地下水污染防治规划》，编制华北平原地下水污染防治工作方案。

推进重金属、危险废物和化学品污染防治。中央安排重金属专项治理资金54亿元。环境保护部印发《重金属污染防治“十二五”规划》实施考核办法及相关细则，首次组织开展规划实施情况考核。强力推进历史遗留铬渣治理，累计治理铬渣230万吨，是前6年年均处理量的3倍，全国堆存长达数十年甚至半个世纪的670万吨铬渣基本处置完毕。编制《化学品环境风险防控“十二五”规划》，印发《全国主要行业持久性有机污染物污染防治“十二五”规划》。

加强环境执法和应急管理。继续深入开展环保专项行动，全国共出动执法人员255余万人次，检查企业100余万家次，查处环境违法问题8779件，挂牌督办环境违法案件1770件。对1216家生产、停产或停产整治的铅蓄电池企业加大监管力度，又取缔关闭289家。圆满完成环境安全百日大检查，共检查企业4.3万家，发现重大环境风险隐患2296个，整改2245个，挂牌督办企业105家。环境保护部直接调度处置的突发环境事件33起，同比下降55％。

第四，重点流域海域区域污染防治有较大突破。持续推进重点流域海域污染防治。国务院批复《重点流域水污染防治规划（2011—2015年）》。完善重点流域水污染防治专项规划实施情况考核指标体系，开展长江中下游流域规划实施情况考核。扎实推进“三湖”污染防治工作，太湖等重点湖泊流域水质初步改善。优先保护生态良好湖泊。全年累计安排专项资金25亿元，新增试点湖泊19个，全国湖泊生态环境保护试点累计达27个。湖北省出台湖泊保护地方法规，依法对梁子湖等湖泊实施湖泊管理。云南洱海、安徽太平湖等通过环境整治，环境质量得到进一步提高。

全力防治大气污染。国务院批复《重点区域大气污染防治“十二五”规划》，要求采取综合治理、协同控制、联防联控等措施。“十二五”以来，北京市累计淘汰老旧机动车55万多辆，提前三年完成40万辆的淘汰任务。山西省实施空气质量改善攻坚行动，11个设区市城区减少原煤消耗674万吨。

第五，生态保护和农村环境保护不断强化。生物多样性保护上升为国家战略。中国生物多样性保护国家委员会第一次会议审议通过《联合国生物多样性十年中国行动方案》。对累计建成的363处国家级自然保护区，完成人类活动卫星遥感监测和实地核查工作。全面启动全国生态环境十年变化（2000—2010年）遥感调查与评估。全国已有15个省（区、市）开展生态省建设，1000多个县（市、区）开展生态县建设，53个地区开展生态文明建设试点工作。

农村“以奖促治”增资扩面。中央财政安排55亿元农村环保专项资金，支持各地开展农村环境综合整治。截至2012年底，全国共有23个省（区、市）纳入连片整治示范范围，中央财政累计投入135亿元，2.6万个村庄、5700多万农村人口受益。印发《全国农村环境综合整治“十二五”规划》《全国畜禽养殖污染防治“十二五”规划》。完成全国土壤污染状况调查，会同有关部门编制《土壤环境保护“十二五”规划》。

第六，生态补偿机制初步建立。积极配合财政部开展新安江流域等生态补偿试点，探索流域上下游之间、自然保护区内外和不同主体功能区之间生态补偿的有效办法。重点生态功能区生态补偿机制的建立与实施取得较好效果。自2008年起，中央财政对国家重点生态功能区范围内的部分县（市、区）实施资金转移支付，涉及20多个省（区、市）。5年支持资金总额达1100亿元，年度资金由2008年的60.5亿元，增加到2012年的371亿元，支持的县（市、区）由221个增加到466个。对其中452个县域生态环境质量全面监测与评估结果显示，2009—2011年58个县域生态环境质量得到改善，占比例12.8％；380个县域保持基本稳定，占84.1％。

第七，核与辐射安全保障更加有力。国务院批复《核安全与放射性污染防治“十二五”规划及2020年远景目标》，规划项目涉及投资798亿元。我国15台运行核电机组处于安全状态，29台在建核电机组建造质量处于受控状态，19座民用研究堆总体情况良好。开展全国辐射安全综合检查，动员监管人员19万多人次，检查核技术利用单位近6万家。加大放射性废物和铀矿冶污染治理力度，推进电磁辐射环境全过程监管。

第八，政策法制、环保规划、科技监测、宣传教育和国际合作扎实推进。《环境保护法》修正案草案提请全国人大常委会初次审议，《清洁生产促进法》修订颁布。发布《环境保护综合名录（2012年版）》，在15个省份开展环境污染强制责任保险试点。由环保部牵头编制、报国务院审批的11项规划全部编制完成，其中9项已印发执行。国务院办公厅首次将环保规划任务分解落实到有关部门。制定《全国环境功能区划纲要》，在吉林、浙江、新疆开展省级环境功能区划编制试点。全面启动《地表水环境质量标准》修订。积极推进环境监测天地一体化进程，“环境一号”C卫星发射成功。水体污染控制与治理科技重大专项实施取得新进展。

第九，环保能力和队伍建设进一步加强。环保投入大幅增加。中央环保投资超过260亿元，比2011年增加50%以上。环保监测执法业务用房项目顺利推进，565个项目开工率97%，完工率65%。支持24个省（区、市）164个县（区）级开展环境监测站标准化建设，为170个监察执法机构配备移动执法系统和挥发性气体检测设备。

机构人才队伍建设继续加强。机构编制能力建设不断增强。加大竞争性选拔领导干部的力度，机关和部属单位干部队伍得到进一步加强。落实《生态环境保护人才发展中长期规划（2010—2020年）》，组建环境保护部人才工作领导小组。坚持分级分类培训，全年培训干部和各类人才4万余人次，计划完成率115%。

会议同时承认，我国环境形势依然严峻，既要有打攻坚战的紧迫意识，又要有打持久战的思想准备。一是主要污染物排放总量大，减排任务艰巨。“两高一资”行业投资增幅虽有下降，但现有产能释放带来的污染物增量压力很大。机动车每年增长1500万辆左右，机动车氮氧化物排放量仍呈增长趋势。二是环境污染仍然十分严重。70%左右的城市不能达到新的环境空气质量标准。近日出现的长时间大范围雾霾天气，影响17个省（区、市），约占国土面积1/4，受影响人口达6亿。20%左右的国控断面水质依然为劣Ⅴ类，基本丧失水体功能。一半城市市区地下水污染严重，57%的地下水监测点位水质较差甚至极差。三是环境风险继续增加，损害群众健康的环境问题比较突出。我国正处于社会转型和环境敏感、环境风险高发与环境意识升级共存叠加的时期，长期积累的环境矛盾正集中显现，PM2.5、饮用水安全、血铅事件和化学品污染问题，引起群众广泛关注。四是环境管理体制不顺，生态环境保护职能分散交叉现象依然存在。能力建设滞后，监管力度不够，人才队伍建设亟待加强。五是工作作风亟待进一步转变，服务能力有待继续提高。我们必须高度重视，采取有效措施加以解决。

会议确定2013年重点工作：

第一，全力完成主要污染物减排任务。2013年确定的减排任务是：与2012年相比，化学需氧量、二氧化硫排放量分别减少2%，氨氮排放量减少2.5%，氮氧化物排放量减少3%。要认真落实《国务院节能减排综合性工作方案》和《节能减排“十二五”规划》。严格考核各地年度总量减排目标完成情况，结果向社会公布。推行主要污染物总量指标预算管理制度，严控污染物新增量。着力抓好“六厂（场）一车”减排措施落实，确保今年1545个重点减排项目按期保质建成投运。完善部门协同推进减排机制。

第二，充分发挥环境保护优化经济发展的作用。加快编制环境功能区划。推进省级环境功能区划试点，指导推动首批12个城市编制城市环境总体规划，争取《全国环境功能区划纲要》早日报国务院审批。制定不同区域的环境目标、政策和标准，实行分类指导、分区管理。

强化和完善建设项目环评。从严从紧控制“两高一资”、低水平重复建设和产能过剩项目建设，加快淘汰落后产能，支持新兴战略性产业、基础设施和民生工程建设。对化工石化、涉重金属、钢铁、交通基础设施等项目，落实好环评管理要求。组织开展重大项目后评价。

深化环评制度改革。扩大公众参与和信息公开度，合理调整项目审批权限，推进环评报告编制单位与审批单位脱钩，强化环评机构动态管理和淘汰机制，积极配合做好社会风险评估工作。

第三，加强PM2.5监测、信息发布与综合治理。环保部从加强空气质量监测、及时发布监测信息、落实重污染天气条件下的应急预案、以防治PM2.5为重点抓好大气污染防治工作、进一步明确责任等方面提出明确要求。各级环保部门快速行动，积极应对，引导人民群众主动参与、共同行动，做好PM2.5的监测、信息发布及其污染防治。这要作为今年工作的重中之重。

认真总结空气质量新标准第一阶段监测实施工作，确保第一阶段74个城市496个监测点位稳定运行。进一步推动京津冀、长三角、珠三角等重点区域空气质量联动监测。2013年，在113个环保重点城市和环保模范城市开展包括PM2.5在内的6项指标监测。制定空气质量新标准第二阶段监测实施方案，在12月底前对外发布监测数据。地方各级环保部门不得干预本行政区的监测结果，发现伪造、篡改监测数据的行为，将依据有关规定严肃处理。

深入推进实施《重点区域大气污染防治“十二五”规划》，采取综合措施治理PM2.5，确保2015年重点区域空气中PM2.5年均浓度下降5%，京津冀、珠三角、长三角区域年均浓度下降6%。北京等城市要率先立法，率先达标，率先与国际接轨。一是推动PM2.5纳入污染物减排统计、监测和考核体系。通过调整经济结构、优化生产方式、改变生活和消费模式，从源头上减少PM2.5排放。二是实施城市空气质量达标管理。首要大气污染物超标不超过15%的城市，力争2015年达标；首要大气污染物超标15%以上、30%以下的城市，力争2020年达标；首要大气污染物超标30%以上的城市，要制定中长期达标计划，力争到2030年全国所有城市达到空气质量二级标准。三是完善区域大气污染联防联控机制。京津冀、长三角等跨省区域，考虑成立由环境保护部牵头、相关部门与区域内各省级政府参加的大气污染联防联控工作领导小组；对于珠三角等省内城市的区域大气污染防治工作，由省政府统筹协调。四是推进多污染物协同防治。开展煤炭消费总量控制试点，严格控制污染物新增排放量，对大气污染严重的城市，新建项目实行区域内“倍量替代”。五是深化机动车污染防治。全面推行机动车环保标志管理，加速“黄标车”淘汰进程，基本淘汰2005年以前注册运营的“黄标车”。推进提高车用燃油品质。实施重型柴油车国四标准。六是做好大气污染应急处置工作。指导督促地方政府制定空气污染应急预案并适时实施，分别采取停工、限产、限排、限行等措施，及时准确发布大气污染信息，提出针对不同人群的健康保护和出行建议，保障群众的环境知情权和身体健康。

第四，深化重点流域污染综合防治。对重点流域优先控制单元分类制定综合治理方案，优先保护水质较好的控制单元。制定《国家良好湖泊生态环境保护规划（2011—2020年）》，采取“集中支持”“一湖一策”等政策措施。

落实《全国城市集中式饮用水水源地环境保护规划》，加强饮用水环境安全保障。推动地级以上城市定期发布饮用水水源地水质状况。做好《重金属污染综合防治“十二五”规划》实施考核和中期评估工作，严控重金属污染物排放总量。实施《化学品环境风险防控“十二五”规划》，严格化学品环境管理，加强主要行业持久性有机污染物污染防治。强化铬渣等危险废物重点源管理，推进电子废物污染防治，实行全过程监管。

第五，加大生态和农村环境保护力度。全面落实生物多样性保护战略行动计划，尽快启动生物多样性保护工程。完成全国自然保护区基础调查和评价，推进国家重点生态功能区保护和监管。建立和完善生态补偿机制，中央财政转移支付资金将继续增加，扩大实施范围。推进生态文明建设试点，进一步开展生态示范创建。认真落实《国务院办公厅关于印发近期土壤环境保护和综合治理工作安排的通知》，深化“以奖促治”“以奖代补”政策，扩大农村环境连片整治范围。全面推行农村环境综合整治目标责任制。

第六，强化核与辐射安全监管。完善核安全监管和核事故应急响应机制，加快国家核与辐射安全监管技术研发基地和辐射环境自动监测站点建设。以运行和在建核电厂为重点，加强各类核设施安全监管。加大放射性废物治理力度，开展核技术利用简化审批试点，探索铀矿冶辐射环境安全监管模式，加强输变电、通信和广电类建设项目全过程辐射环境管理。

第七，制定实施生态文明建设目标体系和推进办法。生态文明建设目标体系征求意见稿，正征求中央、国务院有关部门和省级地方政府意见。生态文明建设推进办法也正在研究制定。还要在优化国土空间格局、推进资源全面节约、加强生态文明制度建设等方面发挥更加积极的作用。

第八，全面加强保障措施。深入开展生态文明法制建设研究，全力做好《环境保护法》修改工作。全面推进“十二五”环保规划实施，在做好中期评估的基础上及早谋划“十三五”。组织实施《国家环境保护“十二五”规划》和《节能减排“十二五”规划》确定的环境保护重点工程。发布国家环境监管能力建设“十二五”规划。完善环境政策法规，研究建立最严格的环境保护制度。强化环境科技标准工作，增强科技支撑。

很明显，这届环保工作会议将重点开展节能减排工作，优先解决群众反映强烈的突出环境问题。

（三）治理大气污染

生态文明建设这六个字说起来轻松，做起来沉重。李克强在同出席中国发展高层论坛 2013 年年会的境外代表座谈时对中国发展用了“两个前所未有”来概括：

第一，13 亿人口的大国努力实现现代化，在人类历史上前所未有。我们既有难得的机遇，也面临严峻挑战。从应对国际金融危机的实践看，要保持经济持续健康发展，必须将立足点放在扩大内需上，而且要长期依靠内需，把“四化协调”发展和城镇化这个最大内需潜力逐步释放出来。同时，要有相应的供给做支撑，要通过创新驱动，提升产业层次，补足服务业等短板，提高发展的质量和效益，打造中国经济升级版。

第二，中国在现代化进程中要保护环境、节约资源，实现绿色发展，难度之大和受到的国际关注也前所未有。从历史上看，发展与环境是发达国家过去推进现代化中遇到的一对矛盾。如何在中国这样庞大的经济体走向现代化过程中，处理好这对矛盾，在发展中保护甚至优化环境，没有先例可循。这也是基本民生，必须有新作为，努力破解能源资源和环境等“瓶颈”制约，在探索中寻找出一条经济与资源环境协调发展的新路。

破解能源资源和环境等“瓶颈”从治理大气污染做起。这样做也实在是迫不得已。2012 年冬季，北方持续雾霾，引起国内外的广泛关注。2013年1月的29天中，已有24天为雾霾天，为1954年以来同期最多。1月28日，北京达到严重污染级别。我国部分城市受大范围雾霾天气影响，空气质量明显下降，雾霾面积达130万平方公里。由国家和地方共投入约9.5亿元打造的国家环境空气监测网，于2013年1月1日正式运行。74个城市将按空气质量新标准开展监测并实时发布PM2.5等6项基本项目的实时监测数据和AQI指数等信息，首次将PM2.5作为发布预警的重要指标之一，公众可通过网络实时查询。

环境保护部发出通知要求各地认真做好重污染天气条件下空气质量监测预警工作，以防治细颗粒物为重点，切实抓好大气污染防治工作。各地应严格落实国务院批复实施的《重点区域大气污染防治"十二五"规划》，以细颗粒物污染防治为重点，在继续强化火电、钢铁、水泥等行业二氧化硫、氮氧化物总量控制基础上，突出抓好工业烟粉尘、施工扬尘、挥发性有机物和机动车尾气污染治理工作，在重点地区建立最严格的大气污染物排放标准特别排放限值制度和新建项目污染物总量倍量替代制度。京津冀、长三角、珠三角等重点区域按照联防联控"五统一"要求，应建立和完善区域大气污染防治联防联控机制，进一步增强区域治污整体合力。落实重污染天气条件下的应急预案。各地要及时制定并完善重污染天气条件下的应急预案，积极采取措施，切实减轻污染影响。

9月10日，国务院发布《大气污染防治行动计划》。《行动计划》设定了大气污染防治工作目标，即经过五年努力，使全国空气质量总体改善，重污染天气较大幅度减少；京津冀、长三角、珠三角等区域空气质量明显好转。力争再用五年或更长时间，逐步消除重污染天气，全国空气质量明显改善。具体指标是：到 2017 年，全国地级及以上城市可吸入颗粒物浓度比 2012 年下降 10%以上，优良天数逐年提高；京津冀、长三角、珠三角等区域细颗粒物浓度分别下降 25%、20%、15%左右，其中北京市细颗粒物年均浓度控制在 60 微克/立方米左右。

按照政府调控与市场调节相结合、全面推进与重点突破相配合、区域协作与属地管理相协调、总量减排与质量改善相同步的总体要求，本着“谁污染谁负责，多排放多负担，节能减排得收益获补偿”的原则，实施分区域、分阶段治理。《行动计划》确定了十项具体措施：一是加大综合治理力度，减少多污染物排放。二是调整优化产业结构，推动经济转型升级。三是加快企业技术改造，提高科技创新能力。四是加快调整能源结构，增加清洁能源供应。五是严格投资项目节能环保准入，提高准入门槛，优化产业空间布局，严格限制在生态脆弱或环境敏感地区建设“两高”行业项目。六是发挥市场机制作用，完善环境经济政策。中央财政设立专项资金，实施以奖代补政策。调整完善价格、税收等方面的政策，鼓励民间和社会资本进入大气污染防治领域。七是健全法律法规体系，严格依法监督管理。八是建立区域协作机制，统筹区域环境治理。九是建立监测预警应急体系，制定完善并及时启动应急预案，妥善应对重污染天气。十是明确各方责任，动员全民参与，共同改善空气质量。

《人民日报》为此配发了《用硬措施完成硬任务》的评论员文章，把大气污染问题提到“影响社会和谐稳定”的高度。把大气污染防治，看成“既是重大民生问题，也是经济升级的重要抓手”。落实《大气污染防治行动计划》不搞地方保护，不搞临时突击，不搞数字游戏，以壮士断腕的勇气，坚决淘汰落后产能，坚决卡住违规项目，坚决惩治违法排污，切实处理好当前利益与长远利益的关系，在保护中发展，在发展中保护，让人民群众看到防治污染的决心和诚意。

中央财政安排50亿元用于京津冀及周边地区（具体包括京津冀蒙晋鲁六个省份）大气污染治理工作，重点向治理任务重的河北省倾斜。以“以奖代补”的方式，按上述地区预期污染物减排量、污染治理投入、PM2.5浓度下降比例三项因素分配。

同时，国家卫生计生委出台《2013年空气污染（雾霾）人群健康影响监测工作方案》，组织开展空气污染（雾霾）特征污染物及人群健康影响监测，掌握不同地区PM2.5污染特征及成分差异，了解不同地区空气污染健康影响状况。空气污染（雾霾）对人群健康的影响既包括急性效应，也包括慢性长期效应。雾霾的健康影响涉及全年龄段人群，但对于易感人群如老人、儿童及孕妇等的健康影响更为严重。由于我国缺乏系统的长期监测，目前尚无法揭示雾霾特征污染物的健康危害。

此次监测内容包括：进行空气PM2.5采样，监测PM2.5质量浓度，重点对影响人群健康的成分进行分析；分析不同程度的空气污染（雾霾）对居民全死因、不同疾病别死因的影响；分析空气污染（雾霾）对居民相关疾病发病（患病）及对居民产生的急性影响；了解雾霾对小学生健康状况的影响程度；了解我国人群的出行可能暴露在空气污染状况下基本情况。

计划通过3—5年的时间，建立覆盖全国的空气污染（雾霾）健康影响监测网络。

（四）水污染防治和水资源的管理

针对华北地区地下水污染严重问题，3月9日，国务院批准环境保护部、国土资源部、水利部和住房城乡建设部联合编制的《华北平原地下水污染防治工作方案》。《方案》根据地下水系统特征，将华北平原及其地下水重要补给区划分为30个相对独立的污染防治单元，明确了主要工作任务：一是加强地下水环境监测，建立华北平原地下水质量监测网；二是保障地下水饮用水源安全，严格地下水饮用水源环境执法，分类防治超标的地下水饮用水源；三是强化重点污染源和重点区域污染防治，加强地表水污染防控等。

《方案》提出，到2015年，初步建立华北平原地下水质量和污染源监测网，基本掌握地下水污染状况，加强华北平原地下水重点污染源和重点区域地下水污染防治。到2020年，全面监控华北平原地下水环境质量和污染源状况，科学开展地下水污染修复示范，地下水环境监管能力全面提升，地下水污染风险得到有效防范。

治防结合。6月3日，环境保护部、国家发展改革委、工业和信息化部、司法部、住房城乡建设部、工商总局和安全监管总局联合印发《关于2013年开展整治违法排污企业　保障群众健康环保专项行动的通知》，决定2013年5月至11月在全国组织开展整治违法排污企业，保障群众健康环保专项行动。

专项行动的重点任务：一是查处群众反映强烈的大气污染和废水污染地下水的环境违法问题。加强对电力企业（包括企业自备电厂）燃煤机组、钢铁、水泥企业，以及燃煤锅炉除尘、脱硫设施运行的监管，严查二氧化硫、氮氧化物、烟（粉）尘超标排放的违法行为。加大对企业废水排放的排查力度，严查利用渗井（旱井）、渗坑（坑塘）、裂隙和溶洞排放、倾倒含有毒污染物废水的违法行为。加强对城镇污水处理厂等污染治理企业的监督检查。二是集中开展涉铅、汞、镉、铬和类金属砷排放的重有色金属矿采选冶炼、铅蓄电池、皮革鞣制和电镀等重点行业的“回头看”活动。三是全面排查整治医药行业环境污染问题。严肃查处医药企业超标排放、偷排漏排、采用非法手段转移偷排废水、违反危险废物管理规定等环境违法行为。

城镇排水与污水处理也是保护水资源和防止污染地下水的重要方面。9月18日，李克强主持召开国务院常务会议审议通过《城镇排水与污水处理条例（草案）》。会议指出，排水与污水处理是维系城镇“生命体”健康循环的重点环节，是提高新型城镇化质量的要件，与民生改善、环境保护和公共安全密切相关。近年来，城镇排水与污水处理能力有了较大提高，但也存在基础设施建设滞后、“重地上、轻地下”、运营管理水平不高等问题。一下雨就“水漫金山”的现象屡见不鲜，一不小心就掉入“夺命窨井”的事件时有发生，直接影响民生和环境的水污染问题在一些地方凸显。排水与污水处理的“短板”和“欠账”，已成为一些城镇运行之殇。解决这些问题，一方面要落实《国务院关于加强城市基础设施建设的意见》，进一步放宽市场准入，鼓励和支持社会力量参与，加快相关设施建设和改造；另一方面要抓紧完善法规制度，加大依法建设和管理力度，将城镇排水与污水处理纳入法治轨道。

会议原则通过《城镇排水与污水处理条例（草案）》，明确以下要求：一是城镇排水与污水处理规划要与城镇开发建设、道路、绿地、水系等专项规划相衔接。城镇新区要优先安排排水与污水处理设施建设，未建的不得投入使用，未达标的必须进行改造。二是规范雨水和污水排放，促进污水处理再生利用和污泥、雨水的资源化利用。三是加强对污水排放和处理设施运营情况的监管，强化窨井盖等设施的维护和管理。四是提高城镇内涝防治能力，地方政府要制定应急预案，加强易涝点治理。五是严厉查处违法违规排污等行为。对不依法核发许可证、监管不力的，要严格问责、严肃处理。

对中国来说，资源约束最大的要素是水，中国是世界上最缺水国家之一。其实，2013 年新年伊始，国务院首先就水资源管理连续下发了文件。

1 月 2 日，国务院办公厅下发《实行最严格水资源管理制度考核办法》，这是落实《国务院关于实行最严格水资源管理制度的意见》的一项重要举措。

《办法》明确，国务院对各省、自治区、直辖市落实最严格水资源管理制度情况进行考核，水利部会同发展改革委、工业和信息化部、监察部、财政部、国土资源部、环境保护部、住房城乡建设部、农业部、审计署、统计局等部门组成考核工作组，负责具体组织实施；各省、自治区、直辖市人民政府是实行最严格水资源管理制度的责任主体，政府主要负责人对本行政区域水资源管理和保护工作负总责。

考核内容为最严格水资源管理制度目标完成、制度建设和措施落实情况。目标为各省、自治区、直辖市“三条红线”控制指标及阶段性管理目标。制度建设和措施落实情况包括用水总量控制制度、用水效率控制制度、水功能区限制纳污制度、水资源管理责任和考核制度建设及相关措施落实情况。

《办法》明确了考核方式，即考核评定采用评分法，考核结果划分为优秀、良好、合格、不合格四个等次。考核与国民经济和社会发展五年规划相对应，每五年为一个考核期，采用年度考核和期末考核相结合的方式。年度考核对各省、自治区、直辖市人民政府上年度目标完成、制度建设和措施落实情况进行考核，考核结果纳入期末考核。

考核结果与奖惩：对期末考核结果为“优秀”的省、自治区、直辖市人民政府，国务院予以通报表扬，有关部门在相关项目安排上优先予以考虑。对在水资源节约、保护和管理中取得显著成绩的单位和个人，按照国家有关规定给予表彰奖励。年度或期末考核结果为“不合格”的省、自治区、直辖市人民政府，应在考核结果公告后一个月内，向国务院做出书面报告，提出限期整改措施；整改期间，暂停该地区建设项目新增取水和入河排污口审批，暂停该地区新增主要水污染物排放建设项目的环评审批；对整改不到位的，由监察机关依法依纪追究该地区有关责任人员的责任。

《办法》要求，对在考核工作中瞒报、谎报的地区，予以通报批评，对有关责任人员依法依纪追究责任。水利部会同有关部门组织制定实行最严格水资源管理制度考核工作实施方案。各省、自治区、直辖市人民政府应根据本办法，结合当地实际，制定所辖区域内实行最严格水资源管理制度考核办法。

《办法》的实施，是最严格水资源管理制度落实到位的关键措施和根本保障，必将有力促进发展方式转变，实现水资源可持续利用，保障经济社会又好又快发展。

1 月 7 日，国家发展改革委、财政部、水利部联合印发了《关于水资源费征收标准有关问题的通知》。

自 2006 年《取水许可和水资源费征收管理条例》（国务院令第 460 号）颁布以来，各地积极推进水资源费改革，征收范围不断扩大，征收标准逐步提高，征收力度不断加强，对促进水资源节约、保护、管理与合理开发利用发挥了积极作用。但是，仍存在水资源费标准分类不规范、征收标准特别是地下水征收标准总体偏低，水资源状况和经济发展水平相近地区征收标准差异过大，超计划或者超定额取水累进收取水资源费制度未普遍落实等问题。为进一步明确标准，规范行为，三部委研究制定了《通知》，这是贯彻落实党的十八大关于深化资源性产品价格改革和建立生态补偿机制战略部署的重要举措。

《通知》明确了水资源费征收标准制定原则，规范了水资源费标准分类，确定了水资源费征收标准调整目标，要求各地在2015年底（“十二五”末）以前，地表水、地下水资源费平均征收标准原则上应调整到《通知》建议的水平以上。经测算，水资源费标准调整到目标后，总体平均上调36%左右，进一步体现了水资源的稀缺性，有利于水资源节约保护和南水北调受水区水价衔接。

《通知》要求，各地要严格控制地下水过量开采，支持农业生产和农民生活合理取用水，鼓励水资源回收利用，合理制定水力发电用水征收标准，对超计划或者超定额取水制定惩罚性征收标准，加强水资源费征收使用管理，并对各项要求提出具体指标。

（五）土壤环境保护和综合治理

2013年1月23日，国务院办公厅下发通知，公开印发《近期土壤环境保护和综合治理工作安排》，提出严格控制新增土壤污染等六项任务，要求到2015年，全面摸清我国土壤环境状况，建立严格的耕地和集中式饮用水水源地土壤环境保护制度，初步遏制土壤污染上升势头，确保全国耕地土壤环境质量调查点位达标率不低于80%；建立土壤环境质量定期调查和例行监测制度，基本建成土壤环境质量监测网，对全国60%的耕地和服务人口50万以上的集中式饮用水水源地土壤环境开展例行监测；全面提升土壤环境综合监管能力，初步控制被污染土地开发利用的环境风险，有序推进典型地区土壤污染治理与修复试点示范，逐步建立土壤环境保护政策、法规和标准体系。力争到2020年，建成国家土壤环境保护体系，使全国土壤环境质量得到明显改善。

《工作安排》提出六项很具体的工作任务：

1. 严格控制新增土壤污染。加大环境执法和污染治理力度，确保企业达标排放；严格环境准入，防止新建项目对土壤造成新的污染。定期对排放重金属、有机污染物的工矿企业以及污水、垃圾、危险废物等处理设施周边土壤进行监测，造成污染的要限期予以治理。规范处理污水处理厂污泥，完善垃圾处理设施防渗措施，加强对非正规垃圾处理场所的综合整治。科学施用化肥，禁止使用重金属等有毒有害物质超标的肥料，严格控制稀土农用。严格执行国家有关高毒、高残留农药使用的管理规定，建立农药包装容器等废弃物回收制度。鼓励废弃农膜回收和综合利用。禁止在农业生产中使用含重金属、难降解有机污染物的污水以及未经检验和安全处理的污水处理厂污泥、清淤底泥、尾矿等。

2. 确定土壤环境保护优先区域。将耕地和集中式饮用水水源地作为土壤环境保护的优先区域。在2014年年底前，各省级人民政府要明确本行政区域内优先区域的范围和面积，并在土壤环境质量评估和污染源排查的基础上，划分土壤环境质量等级，建立相关数据库。禁止在优先区域内新建有色金属、皮革制品、石油煤炭、化工医药、铅蓄电池制造等项目。

3. 强化被污染土壤的环境风险控制。开展耕地土壤环境监测和农产品质量检测，对已被污染的耕地实施分类管理，采取农艺调控、种植业结构调整、土壤污染治理与修复等措施，确保耕地安全利用；污染严重且难以修复的，地方人民政府应依法将其划定为农产品禁止生产区域。已被污染地块改变用途或变更使用权人的，应按照有关规定开展土壤环境风险评估，并对土壤环境进行治理修复，未开展风险评估或土壤环境质量不能满足建设用地要求的，有关部门不得核发土地使用证和施工许可证。经评估认定对人体健康有严重影响的污染地块，要采取措施防止污染扩散，治理达标前不得用于住宅开发。以新增工业用地为重点，建立土壤环境强制调查评估与备案制度。

4. 开展土壤污染治理与修复。以大中城市周边、重污染工矿企业、集中污染治理设施周边、重金属污染防治重点区域、集中式饮用水水源地周边、废弃物堆存场地等为重点，开展土壤污染治理与修复试点示范。在长江三角洲、珠江三角洲、西南、中南、辽中南等地区，选择被污染地块集中分布的典型区域，实施土壤污染综合治理；有关地方要在2013年年底前完成综合治理方案的编制工作并开始实施。

5. 提升土壤环境监管能力。加强土壤环境监管队伍与执法能力建设。建立土壤环境质量定期监测制度和信息发布制度，设置耕地和集中式饮用水水源地土壤环境质量监测国控点位，提高土壤环境监测能力。加强全国土壤环境背景点建设。加快制定省级、地市级土壤环境污染事件应急预案，健全土壤环境应急能力和预警体系。

6. 加快土壤环境保护工程建设。实施土壤环境基础调查、耕地土壤环境保护、历史遗留工矿污染整治、土壤污染治理与修复和土壤环境监管能力建设等重点工程，具体项目由环境保护部会同有关部门确定并组织实施。

文件要求，环境保护部要与各省级人民政府签订目标责任书，明确任务和时间要求等，定期进行考核，结果向国务院报告。地方人民政府要与重点企业签订责任书，落实企业的主体责任。要强化对考核结果的运用，对成绩突出的地方人民政府和企业给予表彰，对未完成治理任务的要进行问责。

（六）打击环境污染犯罪，不再“以罚代刑”

环境污染祸患当代，殃及子孙。环境污染犯罪罪不容赦，对于环境污染犯罪必须严刑苛法。2013 年 6 月 8 日，最高人民法院审判委员会第 1581 次会议、最高人民检察院第十二届检察委员会第 7 次会议通过《关于办理环境污染刑事案件适用法律若干问题的解释》，为依法惩治有关环境污染犯罪提供司法支撑。

文件还对什么情况下应当酌情从重处罚，什么情况下可以酌情从宽处罚，所称“公私财产损失”包括哪些，什么样的物质应当认定为“有毒物质”，所涉的环境污染专门性问题难以确定应由哪一级部门出具检验报告和认可证据都做了明确的规定。量刑标准仍依据《刑法》有关条款。

《解释》明确了环境污染犯罪的定罪标准，降低了入刑门槛。据不完全统计，文件出台以后的 5 个月，环保部门向公安机关移送了近 300 起涉嫌环境污染犯罪案件，超过前 5 年的总和。公安机关立案侦办 247 起此类案件，相当于过去 10 年立案总量。移送检察机关起诉的 145 起。

但是，日常环境执法中，环保部门权限、执法手段有限，阻碍执法、抗拒执法的情况大量存在，严重影响环境执法的效率和执法人员人身安全，形成环保部门单打独斗现象。

11 月 4 日，环境保护部与公安部共同发布《关于加强环境保护与公安部门执法衔接配合工作的意见》。出台这个文件就是要解决从国家层面对环保、公安联合执法提出一些基本要求。要树立合作意识，联合整治突出环境问题。各级环境保护、公安部门要紧密结合当地实际，强化部门执法联动，发挥综合监管优势，开展统一行动，集中解决在一定区域、一定时段严重污染环境、群众反映强烈的突出问题。要在执法联动中不断推进依法行政，切实做到严格、规范、公正、文明执法。

《意见》要求，各地环保和公安机关建立完善三个制度、四个机制——联动执法联席会议制度、联动执法联络员制度、重大案件会商督办制度，案件移送机制、紧急案件联合调查机制、案件信息共享机制、奖惩机制。环保部门在涉嫌犯罪的案件办理中，主要是发现、查处、移送涉嫌犯罪的行为以及后续配合公安机关办案。各级环保部门要做到有案必查、违法必究，查处到位、执行到位。达到移送条件的案件，必须移送公安机关，避免以罚代刑。公安机关的主要任务是对违反治安管理规定的行为立案查处，对涉嫌环境犯罪的案件立案侦查，保障执法顺利进行。

证据是行政处罚和刑事司法的基础，现场调查和证据收集是办理涉嫌环境污染犯罪案件的关键一环。长期以来，取证难、认定难是办理刑事案件的一个瓶颈。《意见》要求各级环保、公安机关强化深层次合作，牢固树立证据意识，及时、全面、准确收集涉嫌环境污染犯罪的各类证据。

环保部门在执法过程中第一时间发现了违法行为，接触到现场情况，要及时收集、提取、监测、固定污染物种类、浓度、数量等证据。公安部门具备侦办和审讯经验，可以借助环保部门的专业知识和技术支持，提高办案质量。

有三类案件，最需要环保和公安部门及时衔接。一是倾倒危险废物，不管是谁首先发现，都要及时通知另一个部门；二是企业偷排偷放，环保部门通过自己的手段固定证据后，及时请公安部门介入；三是生态破坏类案件，比如小煤窑、小矿山造成生态破坏，确定责任主体时，要请公安部门侦破。

环境保护部也要求各地从2013年9月开始主动公布国家级和省级控制的重点监控企业的排放数据等信息，其中包括每日排放量的自动监控数据，进一步规范污染源环境监管信息公开工作。

为更加科学合理地公开污染源环境监管信息，方便群众查询和使用，环境保护部按照统筹规划、分步实施、从易到难的原则，分批制定并公布《污染源环境监管信息公开目录》，并已公开八大类31项具体信息，包括重点监控污染源基本情况、污染源监测、总量控制、污染防治、排污费征收、监察执法、行政处罚、环境应急等环境监管信息。要求开展企业环境行为等级评价的地区还应公布企业环境行为等级评价信息。

在严格信息公开时限方面，要求自该污染源环境监管信息形成或者变更之日起20个工作日内予以公开，汇总类信息在年度或季度终了后20个工作日内予以公开，污染源自动监控等能即时发布的信息1个工作日内予以公开。

绿色行动脚步铿锵。

第四章

文 化 及 其 他

筑梦辉煌——2013年的中国

自从中共十七届六中全会做出文化大发展大繁荣的决定以后，文化越来越受到重视，文化也日益与经济社会协调发展，文化的软实力作用凸显。由于篇幅所限，本章不能全面观照文化的各个方面，只择其一二叙述。

一、影视作品的减与增

◎2013年电影值得大书一笔

◎票房达到217.69亿元

◎电影的“一减三增”

◎促国产影业发展的“新四条”

◎“十年来内地最好的青春片”

◎电视剧总产量有所回落

◎现实题材电视剧热度有所增强

◎古装剧进入了大制作时代

◎都市家庭题材剧创作视野开阔

（一）电影的“一减三增”

2013年的电影业肯定要在中国电影史上大书一笔，其理由：一是全国电影总票房突破200亿；二是国产片票房第一次超过进口片。

2013年票房达到217.69亿元，同比增长27.51%。2002年电影产业化起步之初，中国电影交出的票房成绩还不足10亿元，在不到10年的时间里，2010年票房成绩达到100亿，是一个飞跃，而第二个100亿只用了3年。

在217.69亿元总票房中，国产片票房为127.67亿，占比58.65%，相比2012年的82.73亿元，同比增长54.32%；进口片总票房为90.02亿，占比41.35%，同比增长2.30%，国产片与进口片呈六四分。2012年进口片还占总票房的一半多，即51.54%，而2013年国产片重新赢得市场主导权。《北京遇上西雅图》《中国合伙人》《小时代》《致我们终将逝去的青春》都是口碑和票房俱佳的作品。《致我们终将逝去的青春》票房7.1亿，《私人订制》票房7.1亿，《狄仁杰之神都龙王》票房6亿，《中国合伙人》票房5.3亿，《北京遇上西雅图》票房5.1亿，《小时代》票房4.8亿，《富春山居图》票房2亿。最终共有33部国产片票房过亿，成就了全年国产片的高票房佳绩。

2013年国产影片海外销售的数目也有明显增长，国产影片海外销售45部、247部次（一部片在不同国家上映场次），而2012年国产影片海外销售75部、199部次。2013累计票房和销售收入14.14亿元人民币，相比较2012年的10.63亿元，同比增长33.02%。《一代宗师》在北美电影市场创下年度外语片票房第二名的好成绩。

2013年全年新开业影院903家，新增座位48万个，新增银幕5077块，全国银幕数量达到了18195块；但故事片的总产量共计638部，比2012年减少了107部。

是什么原因使更多的人愿意走进电影院呢？从硬件上分析，城市化带动商业地产，电影院线铺设延伸至三四线城市，直接带动电影消费力的释放。2012年，我国城镇人口占总人口比重达到52.57%，城市化催生商业消费，万达、世茂、苏宁、万科的商业地产布局也不断下沉，在三四线城市兴建大型购物中心。在大部分购物中心中，电影院都成为标配。2013年新增的5000多块银幕大多得益于此。票房增量正是院线不断扩容的效果体现。

从软件上看，国家政策扶持起了较大作用。2012年11月19日，国家电影事业发展专项资金管理委员会以电专字〔2012〕第1号至第4号文件的形式发布《关于对国产高新技术格式影片创作生产进行补贴的通知》《关于“对新建影院实行先征后返政策”的补充通知》《关于返还放映国产影片上缴电影专项资金的通知》和《关于对安装数字放映设备补贴的补充通知》，被业内称为“新四条”。其中，《关于对国产高新技术格式影片创作生产进行补贴的通知》是对制片方进行奖励的，即对进入市场发行放映的国产3D、巨幕等高新技术格式影片，按影片票房收入分档对影片版权方进行奖励：票房收入在5000万（含）至1亿元之间，奖励扶持资金100万元；票房收入在1亿（含）至3亿元之间，奖励扶持资金200万元；票房收入在3亿元（含）至5亿元之间，奖励扶持资金500万元；票房收入在5亿元以上，奖励扶持资金1000万元。同时电影制作方将获得票房0.7%～4%的补贴。《关于“对新建影院实行先征后返政策”的通知》规定，对东中部地区县级城市及乡镇、西部地区省会以外城市的新建影院，票房达到上一年度放映国产片总票房收入45%（含）以上的，可继续享受“先征后返”专项资金的待遇。《关于返还放映国产影片上缴电影专项资金的通知》规定，自2012年1月1日起，影院全年国产片票房达到票房总收入50%（含）以上的，返还100%放映国产片上缴的电影专项基金；影院全年国产片票房达到票房总收入45%（含）至50%之间的返还80%上缴的电影专项基金；不到票房总收入45%，但比上一年有增长的，返还50%上缴的电影专项基金，以激励院线的国产片放映量。《关于对安装数字放映设备补贴的补充通知》规定，影院在2012年12月31日以前安装并投入使用数字放映设备可享受补贴，将2006年和2009年规定的时限延伸至2012年底。这后三项通知都是向影院倾斜的，影院方获得的资金返还，相当于票房的2.5%～5%。

（二）电影必须“接地气”

电影本身的规律也不容忽视。电影创作和拍摄更加注重观众需求，用时下的流行话说，就是更加“接地气”，观众更愿意为贴近自己生活的故事买单。

《致我们终将逝去的青春》上映仅仅六天，票房已经突破三亿大关。央视的新闻称这是“十年来内地最好的青春片”，该片用青春回忆成功吸引观众。《人民日报》官方微博也在推介该片：“好像所有人都在寻找青春。在这个功名利禄、房价工资无时不牵绊住手脚的年月里，不妨谈谈青春吧……有时，只要勇敢一次，便有青春不腐。”片中的“青春”二字，成为法宝。打怀旧牌的爱情电影，总是能成功引发影迷的追捧。而影片《致我们终将逝去的青春》则将这副“怀旧牌”发挥到了极致，几乎辐射了所有年龄段的观众。影片中的人物生活在20世纪90年代，对应的就是如今的“70后”，他们的人生阅历恰好覆盖了影片所有段落，包括校园中青涩的初恋，热血的生活，以及毕业后面对现实的无奈。“90后”们有些正在经历大学生活，虽然如今他们的条件要优越得多，但是那种生活在校园的情绪依然在。还有，与定位准确、片名起得好也不无关系。之前《泰囧》的成功是因为其定位为轻喜剧这种类型片。电影的成功，其实很多情况下是某个类型片的成功。《致我们终将逝去的青春》将观影目标人群瞄准了大学生以及拥有过大学生活的人，青春文艺片是最好的电影类型，而且电影的名字跟小说同名，一方面拉拢了一些小说的粉丝，另一方面简单直白，一看就知道电影讲什么。《致我们终将逝去的青春》另一吸引力来自赵薇。《致我们终将逝去的青春》是赵薇的研究生毕业作品。多年来，赵薇积累了无数忠实粉丝。影评人yoyo认为，赵薇是一个对自己的个人价值观有着强烈自信的女人，内心带着浓厚的女权主义色彩，所以她的电影不是柔和清新的，而是大胆泼辣的。加上编剧李樯对情节拿捏得稳准老到，以及关锦鹏对影片节奏和镜头的建议把握，为影片锦上添花。①

① 《〈致青春〉为什么这么火?》《扬子晚报》2013年5月3日。

随着国产类型片的逐渐成形，面对都市爱情片和喜剧片所针对的年轻观众群，电影的网络营销方案更为精准，“《致我们终将逝去的青春》可算作胜在营销，它把电影做成一个社会镜像”，除了官方微博的记录推荐，加V账号的好评与转发，赵薇黄晓明式爱情，“青春”体等惯用形式之外，甚至与游戏公司热酷达成协议，在热门游戏《找你妹》中打造电影中的特殊关卡，增设几位主角的漫画头像。①

（三）电视剧题材选择与资源配置更趋合理均衡

中国的电视剧产量在国际上一直处于领先地位，是电视剧产量大国。从2000年开始，每年生产电视剧的总量都在逐年递增。2011年，全国生产完成并获得发行许可证的电视剧共计469部14942集，稳居世界第一，电视剧播出量世界第一，电视剧观众世界第一。全年制作完成的国产电视动画片共435部、26.12万分钟，跃居世界首位。到2012年，这一数量已经达到最高峰的506部17703集。电视剧真正成为我国百姓精神文化生活中的主餐大菜。经过了一年的调整，2013年，电视剧总产量有所回落，降到15000集，比2012年减少2700集。这是理性回落，挤掉的是一些水分。调整后的电视剧，题材选择与资源配置更趋合理均衡，主题内涵的开掘更加深入理性，人物情节的表现更加立体感人，视听效果更加精良震撼，制作整体实现了由“粗加工”向“深加工”的转变。

① 《2013年我国票房收入及影院人数增加的九大因素》，中国产业洞察网，2013年6月20日。

数量下降，质量上有了一个提升。电视剧创作出现了几个特色：

一是现实题材电视剧热度有所增强。以往一说到年度大剧，往往和现实题材不沾边。但《咱们结婚吧》《正阳门下》《假如生活欺骗了你》等现实题材电视剧，这一年都榜上有名。

二是古装剧进入了大制作时代。《楚汉传奇》《花木兰传奇》《赵氏孤儿案》《精忠岳飞》《大秦帝国之纵横》等古装剧，体量上少则四五十集，多则七八十集，投资动辄一两亿元。大投资使得这些剧在制作水平上迈上了一个新台阶。这些作品大都能以历史正剧的姿态从“大历史”的角度叙事，在文化品位和美学品格上，各有独到之处，一定程度上扭转了近年来古装“雷剧”横行，戏说、传奇等虚构内容，回归到了正确道路。

三是当代都市题材是当下我国城市化进程在电视荧屏上的反映。《小儿难养》《宝贝》《辣妈正传》《小爸爸》等聚焦“80后”一代的育儿问题，表现了初为人父、人母的“80后”在育儿问题上的纠结、彷徨以及在子女教育问题上和父辈们的差异。

电影电视都是普通民众文化消费的主要形式，文化建设说起来神秘和抽象，满足人民基本文化需求也喊了多年，其实，从广大人民喜欢的文艺形式和内容出发，把这点做足就够了，并不需要很多高深的理论。

二、网络的规模和效应

◎中国网民规模达 6.18 亿

◎全球网民最多的 5 个国家中国居首位

◎手机媒体提供的个性化海量性信息

◎手机媒体成为独特的舆论放大器

◎中国网络购物用户规模达 3.02 亿人

◎2013 年十大流行语

◎2013 年十大新词

（一）中国是全球网民最多的国家

互联网正在助推新媒体的生发。随着新媒体的出现，传统媒体的功能逐渐被以互联网和手机为代表的新媒体工具所取代。人们利用手机或网络媒体获取各种信息，或者利用新媒体交互性与开放性表达自己的观点。在某种程度上，互联网还发挥“社会解压阀”的作用，可以缓解我国在社会转型过程中面临的结构性压力。据中国互联网络信息中心（CNNIC）发布的《第 33 次中国互联网络发展状况统计报告》，截至 2013 年 12 月，中国网民规模达 6.18 亿，全年共计新增网民 5358 万人。互联网普及率为 45.8%，较 2012 年底提升 3.7 个百分点。我国网民中农村人口占比 28.6%，规模达 1.77 亿，相比 2012 年增长 2101 万人。

把这个数字拿到世界范围去比较：据调研公司 Forrester

Research 发布的报告显示，2013 年，全球网民数量达到 22 亿，其中亚洲网民数量将占到 43%，而中国网民将占到全球的 17%。2013 年，全球网民最多的五个国家分别为中国、美国、印度、日本和巴西。

在微博上拥有 10 万（也有指 50 万粉丝的）以上粉丝用户的叫大 V，在新浪和腾讯，10 万粉丝大 V 超过 1.9 万，百万粉丝以上的超过 3300 个，千万粉丝以上的超过 200 个。微博、微信给我们带来了更多的资讯内容与资讯获取的便利，也带来了人与人、人与组织、人与社会之间的更多互动，甚至每一个人都可以成为一个传播、表达的媒体平台，微博为社会与民主的进步搭建起更广阔的平台，成为更多人“参政议政”的有效通道。网民数量增长非常快，所谓“沉默的大多数”渐渐化入历史，一个全民发声，全民参与社会管理、监督的公民时代，初见雏形。

（二）手机媒体的作用凸显

手机媒体提供的个性化海量性信息，使用户具有高度互动性与参与性。手机信息的传播过程即从一点出发，以关键词为节点，从中不断转移到另外的焦点。在整个传播过程中，手机媒体传播点对点的精准性与及时性，决定了信息在每一个传播节点都可以被全面而准确地发送，并进行及时的交互与反馈，从而实现传播效果的最大化。手机媒体独特的传播模式，打破了传统传播模式中传播主体的权威性，实现了传受双方对于信息接收和传播的对等性。多个传播主体的出现，使得信息节点中的每个人都能深度参与到信息传播的过程中。因此，手机媒体的传播是一种高度整合的社会性传播。2013 年我国手机网民继续保持增长态势，规模达到 5 亿，年增长率为 19.1%。新增网民中使用手机上网的比例高达 73.3%，远高于使用其他设备上网的网民比例，手机继续保持第一大上网终端的地位。新增网民较高的手机上网比例也说明了手机在网民增长中的促进作用。值得一提的是，我国互联网在农村普及速度较快，2012 年底至 2013 年 6 月，新增网民中农村网民占到 54.4%。

手机媒体成为独特的舆论放大器，截至 2013 年 12 月，我国手机即时通信网民数为 4.31 亿，较 2012 年底增长了 7864 万，年增长率达 22.3%。手机即时通信使用率为 86.1%，较 2012 年底提升了 2.2 个百分点。在这里，特别值得一提的是微信。2013 年微信迅速成为一个极具影响力的网络交互平台。与最早的 QQ 群相比，微信更私密。与稍后一点的微博相比，微信更便捷和直接。据 2013 年 6 月的统计，语音聊天是用户首选的微信功能，93.51%的用户使用微信这一功能；其次是发送图片功能，77.28%的用户使用这一功能。微信的到来，带来了免费的语音通话，免费的图片发送，这种方便快捷又免费的方式准确地切中了用户的需求点，这也是微信推出后用户量迅速攀升的一个重要原因。查看“朋友圈”照片的为 61.66%，在朋友圈分享照片的为 53.55%，接受 QQ 离线消息的为 51.93%，查看附件的人有 51.52%，“摇一摇”找朋友的为 49.09%。这几个功能主要集中点都是社交，也是用户比较常用的功能，说明信息时代的到来，人们由于科技而疏远，然而社交的需求并没有减少，而是换了方式，微信的这些功能就让人们找到了社交的依赖感。[1]

2013年，微博、社交网站及论坛等互联网应用使用率均下降，而类似即时通信等以社交为基础的平台应用发展稳定。从具体数字分析，2013年微博用户规模下降2783万人，使用率降低9.2个百分点。而整体即时通信用户规模在移动端的推动下提升至5.32亿，较2012年底增长6440万，使用率高达86.2%，继续保持第一的地位。移动即时通信发展迅速的原因一方面由于即时通信与手机通信的契合度较大；另一方面，由于在社交关系的基础之上，增加了信息分享、交流沟通甚至支付、金融等应用，极大地提升了用户黏性。

相较于2012年，各网络娱乐类应用的网民规模没有明显增长，使用率变化不大，整体行业发展放缓。2013年中国网络游戏用户增长明显放缓，网民使用率从2012年的59.5%降至54.7%；网络游戏用户规模为3.38亿，网络游戏用户规模增长仅为234万。与整体网络游戏用户规模趋势不同，手机端网络游戏用户增长迅速。手机成为各类应用规模增长的重要突破点。手机网络音乐、手机网络视频、手机网络游戏和手机网络文学的用户规模相比2012年底保持了相对较高的增长率。2013年，手机端视频、音乐等对流量要求较大的服务增长迅速，其中手机视频用户规模增长明显，截至2013年12月，我国手机网络游戏用户数为2.15亿，较2012年底增长7594万，

① 引自比特网，http://net.chinabyte.com/161/12644161.shtml.

年增长率达到54.5%，在手机上在线收看或下载视频的用户数为2.47亿，与2012年底相比增长1.12亿人，增长率高达83.8%，手机视频跃升至移动互联网第五大应用。手机端高流量应用的使用率增长主要由三方面原因造成：一是用户向手机端的转移，整体网民对于电脑的使用率持续走低；二是使用基础环境的完善，如智能手机和无线网络的发展；三是上网成本的下降，如视频运营商和网络运营商的包月合作。

作为近年来涨幅迅速的互联网应用，电子商务类应用在手机端应用中发展迅速，其中手机在线支付网民规模增幅较大。商务类应用继续保持较高的发展速度，其中网络购物以及相类似的团购尤为明显。2013年，中国网络购物用户规模达3.02亿人，使用率达到48.9%，相比2012年增长6个百分点。团购用户规模达1.41亿人，团购的使用率为22.8%，相比2012年增长8个百分点，用户规模年增长68.9%，是增长最快的商务类应用。商务类应用的高速发展与支付、物流的完善以及整体环境的推动有密切关系，而团购出现逆转增长，意味着在经历了野蛮增长后的洗牌，团购已经进入理性发展时期。

这就是网络给现代人生活和人文生态带来的极大变化。

（三）网络流行语

网络催生年度流行语。《咬文嚼字》编辑部发布的2013年度十大流行语是：中国梦、光盘、倒逼、逆袭、微××（如微电影、微博）、大V、女汉子、土豪、奇葩、点赞。

中国梦位列十大流行语首位。编辑部认为，党的十八届三中全会以后，习近平总书记在参观国家博物馆主办的“复兴之路”展览时，提出要实现中华民族伟大复兴的中国梦。中国梦以其清新的理念和亲和的风格，为广大民众所认同。

教育部发布2013年中国语言生活状况中2013年的十大新词为：“中央八项”规定、棱镜门、H7N9禽流感、土豪、自贸实验区、单独二胎、中国大妈、光盘行动、女汉子、十面霾伏。国家语言资源监测与研究中心在125万个文本语料的基础上，层层筛选，提取出新词语364条。此外，“三中全会”“全面深化改革”中国梦“老虎苍蝇一起打”“斯诺登”都成为2013年的流行词。

随着国际交流的增多，Dama（大妈）、Tuhao（土豪）等词语陆续“走出国门”，亮相国外权威媒体，引起了广泛关注。不同时代走出国门的词语，有的已经进入国外的词典，有的仍然是“海漂”，在国外民众中口头流传。

据牛津大学出版社2010年年底统计，《牛津英语词典》收录的汉语借词已经多达245条。ganbu（干部）、guanxi（关系）等词多年以前已进入《牛津英语词典》。有消息称，Dama（大妈）将携手Tuhao（土豪）也被收录进词典。而gaokao（高考）、guanggun（光棍）、hukou（户口）等也已经成为民众口头交际中使用的词汇。①

在2013年的各类流行语中，网络词汇都表现出了鲜明特征。如高端大气上档次、爸爸去哪儿、小伙伴们都惊呆了、待

① 《京华时报》，2014年5月30日。

我长发及腰、摊上大事了、女汉子、土豪（金）等。此外，网络上还有很多四字格、三字格的新词语，如“喜大普奔”“不明觉厉”“人艰不拆”“高大上”“我伙呆”“请允悲”“何弃疗”“涨姿势”等，专家认为，这满足了一些网友的语言创造欲，体现了语言的娱乐功能。但对于“网络多字格”以及诸多网络词汇，其生命力还有待时间检验。如前两年出现的“给力”当时炙手可热，现在热度大不如前。

年度流行语不是简单的几个词语，透过它们，我们看到的是人们对国家事务的关注程度，也有时尚在里边，还有通俗文化的底蕴。

三、“神十”把梦想写在更高远的天空

◎6 月 11 日 17 时 38 分“神十”升空

◎“神十”将巩固载人交会对接技术

◎“神十”为我国空间站的建设打基础

◎“天宫一号”与“神舟十号”载人飞行任务取得圆满成功

2013 年 2 月 28 日，中国载人航天工程新闻发言人武平正式向外界透露：我国将于 2013 年实施“天宫一号”与“神舟十号”载人飞行任务，开展载人天地往返运输系统首次应用性飞行。

“神十”背负的任务将是对“神九”载人交会对接技术的“拾遗补阙”。“神十”将巩固和优化“神九”实现的载人交会

对接技术，对“神九”和“神八”飞船存在的不完善之处予以改进。这次任务的主要目的：一是为“天宫一号”在轨运营提供人员和物资天地往返运输服务，进一步考核交会对接、载人天地往返运输系统的功能和性能；二是进一步考核组合体对航天员生活、工作和健康的保障能力，以及航天员执行飞行任务的能力；三是进行航天员空间环境适应性、空间操作工效研究，开展空间科学实验、航天器在轨维修试验和空间站等关键技术验证试验，首次开展面向青少年的太空科学讲座科普教育活动等；四是进一步考核工程各系统执行飞行任务的功能、性能和系统间协调性。

6 月 3 日，中国载人航天工程新闻发言人武平宣布，我国将于 6 月中旬择机发射“神舟十号”飞船，三名航天员将再次访问“天宫一号”。飞行乘组由男航天员聂海胜、张晓光和女航天员王亚平组成，聂海胜担任指令长。

6 月 11 日下午，在酒泉卫星发射中心举行航天员飞行乘组出征仪式，中共中央总书记、国家主席、中央军委主席习近平为航天员壮行。16 时 42 分 45 秒，北京和酒泉两个地面控制中心分别下达 1 小时准备口令。17 时 38 分，火箭成功发射！

北京时间 6 月 26 日 8 时 07 分，在经过 15 天太空飞行后，“神舟十号”载人飞船返回舱在内蒙古中部预定区域安全着陆，航天员聂海胜、张晓光、王亚平健康出舱，“天宫一号”与“神舟十号”载人飞行任务取得圆满成功。中共中央、国务院、中央军委致电祝贺。中共中央政治局常委、国务院副总理张高丽在北京航天飞行控制中心观看飞船回收实况并宣读了中共中央、国务院、中央军委的贺电。

贺电说，“天宫一号”与“神舟十号”载人飞行任务的圆满成功，进一步巩固了我国空间交会对接技术，标志着我国载人航天工程第二步战略目标取得了重大阶段性胜利。这是在以习近平同志为总书记的党中央坚强领导下，航天战线深入贯彻落实党的十八大精神、加快建设创新型国家的又一重要成果，是我们在全面建成小康社会伟大历史进程中取得的又一重大成就。祖国和人民将永远铭记你们的卓越功勋！

6 月 28 日下午，中国载人航天工程办公室和中国航天科技集团公司在北京举行“神舟十号”返回舱开舱仪式。开舱仪式在中国空间技术研究院举行，这里也正是神舟飞船的“出生地”。此次移交的搭载物，既有在“神十”任务中搭乘飞船飞行 15 天的物品，也有跟随“天宫一号”飞行 630 多天、由“神十”航天员带回的物品。仪式上还展示了由航天员带回地面的天宫一号内饰物“中国结”。

7 月 26 日上午，习近平等中央领导同志在北京人民大会堂会见“神舟十号”载人飞行任务航天员和参研参试人员代表。习近平代表党中央、国务院、中央军委，向“神舟十号”任务圆满成功表示热烈的祝贺，向参加任务的航天员和广大参研参试人员表示诚挚的慰问。他强调：载人航天事业的成就，充分展示了伟大的中国道路、中国精神、中国力量，坚定了全国各族人民实现中华民族伟大复兴的中国梦的决心和信心。你们为祖国和人民建立的卓越功勋，历史将永远铭记。同一天，中共中央、国务院、中央军委还做出给聂海胜颁发“二级航天功勋奖章”，授予张晓光、王亚平“英雄航天员”荣誉称号并颁发“三级航天功勋奖章”的决定。

四、国际秩序中的中国力量

◎中国政府关于划设东海防空识别区的声明

◎东海防空识别区航空器识别规则

◎不针对任何特定国家和目标

◎改现状、立规矩、展实力

◎中国坚持政治解决叙利亚化武危机

◎中国提供海上护航

（一）中国划设东海防空识别区

中国在国际上引起高度关注的一项举动是中华人民共和国国防部11月23日发布中华人民共和国政府关于划设东海防空识别区的声明：

中华人民共和国政府根据一九九七年三月十四日《中华人民共和国国防法》、一九九五年十月三十日《中华人民共和国民用航空法》和二〇〇一年七月二十七日《中华人民共和国飞行基本规则》，宣布划设东海防空识别区。具体范围为以下六点连线与我领海线之间空域范围：北纬33度11分、东经121度47分，北纬33度11分、东经125度00分，北纬31度00分、东经128度20分，北纬

25 度 38 分、东经 125 度 00 分，北纬 24 度 45 分、东经 123 度 00 分，北纬 26 度 44 分、东经 120 度 58 分。

中华人民共和国国防部根据中国政府关于划设东海防空识别区的声明，将东海防空识别区航空器识别规则公告如下：

一、位于中华人民共和国东海防空识别区（以下简称东海防空识别区）飞行的航空器，必须遵守本规则。

二、位于东海防空识别区飞行的航空器，必须提供以下识别方式：

（一）飞行计划识别。位于东海防空识别区飞行的航空器，应当向中华人民共和国外交部或民用航空局通报飞行计划。

（二）无线电识别。位于东海防空识别区飞行的航空器，必须开启并保持双向无线电通信联系，及时准确回答东海防空识别区管理机构或其授权单位的识别询问。

（三）应答机识别。位于东海防空识别区飞行的航空器，配有二次雷达应答机的应当全程开启。

（四）标志识别。位于东海防空识别区飞行的航空器，必须按照有关国际公约规定，明晰标示国籍和登记识别标志。

三、位于东海防空识别区飞行的航空器，应当服从东海防空识别区管理机构或其授权单位的指令。对不配合识别或者拒不服从指令的航空器，中国武装力量将采取防御性紧急处置措施。

四、东海防空识别区管理机构是中华人民共和国国防部。

五、本规则由中华人民共和国国防部负责解释。

六、本规则自2013年11月23日10时起施行。

国防部新闻发言人杨宇军就划设东海防空识别区回答了记者的提问。杨宇军表示，划设东海防空识别区是中国有效行使自卫权的必要措施，不针对任何特定国家和目标。他说，中国政府按照国际通行做法，划设东海防空识别区，目的是捍卫国家主权和领土领空安全，维护空中飞行秩序。这是中国有效行使自卫权的必要措施，不针对任何特定国家和目标，不影响有关空域的飞越自由。

中方的有关做法符合《联合国宪章》等国际法和国际惯例。中国《国防法》《民用航空法》《飞行基本规则》等国内法规对维护国家领土领空安全和空中飞行秩序做出了明确规定。

至于东海防空识别区范围是如何确定的？为什么防空识别区距离有的国家本土最近约130公里？杨宇军说，防空识别区最东端距离中国依然最近，作战飞机自该点很快就能抵达中国领空。中方有必要从该点开始对航空器进行识别，判明其意图和属性，为采取相应处置措施留出预警时间，保卫空防安全。而且，相关国家早在1969年就公布实施了防空识别区，其距离中国大陆最近处也约为130公里。

对于来自海上方向的空中威胁和不明飞行物，中方将根据不同情况，及时采取识别、监视、管制和处置等相应措施加以应对。希望有关各方积极予以配合，共同维护飞行安全。需要说明的是，中方一贯尊重各国依国际法享有的飞越自由，东海防空识别区的设立不改变有关空域的法律性质。国际航班在东海防空识别区内的正常飞行活动，不会受到任何影响。同时，中国将在完成相关准备工作后，适时设立其他防空识别区。

中华人民共和国发布东海防空识别区声明后，当天公布规则，当天即生效。中国空军进行了首次空中巡逻。中国空军组织1架空警－2000预警机和数架苏－30、歼－11等主战飞机，在中国东海防空识别区执行空中巡逻任务。中国空军发言人表示，中国空军在中国东海防空识别区进行空中巡逻，是防御性措施，符合国际通行做法。中国空军一直保持高度戒备状态，将根据不同空中威胁，采取相应措施，坚决保卫空防安全。

中国划设东海防空识别区，日本反应强烈，表示会和美国政府和国际社会一道要求中方撤回东海防空识别区的划设，并指责中方单方面改变现状，是非常危险的行为。日本政府要求日本民航不向中方通报飞行计划。日本防卫大臣小野寺五典称，中国划设的防空识别区将钓鱼岛划作中国领土，日方对此不予承认，不接受以此为前提的对话磋商。美国在第一时间就公开表示，绝不接受中国新设的防空识别区，但美国政府建议美国民航向中方通报飞行计划。外交部发言人洪磊就此问题表示：包括美国在内的有关国家航空公司向中方有关部门通报飞行计划，体现了与中方共同维护东海空域航空秩序与安全的建设性态度和合作意愿。我们对此表示赞赏。另一方面，日方蓄意将有关问题政治化，不利于两国民用航空领域的正常合作。我们敦促日方停止恶意炒作，纠正错误做法，拿出负责任的态度，同中方积极配合，共同维护东海有关空域的飞行秩序和安全。中方划设东海防空识别区是为了捍卫国家主权和领土领空安全，也是为了维护空中飞行秩序。我们希望有关国家停止无理纠缠和炒作，尊重国际法，尊重事实，停止一切有损中国国家主权和权益的行动，为通过对话谈判妥善解决有关问题创造条件。

事实上，20 世纪 50 年代以来，包括日本在内的 20 多个国家先后设立了防空识别区。钓鱼岛及其附属岛屿自古以来就是中国固有领土，中国东海防空识别区覆盖这一区域理所当然。中方曾严正表明，日本方面无权对中方这一符合国际法的正当行动说三道四、蓄意攻击。

中国划设东海防空识别区就是在改变现状。为什么要改呢？看看东海现状就明白了。自 1969 年美国将日本防空识别区的管辖权移交给日本之后，日本又先后两次于 1972 年和 2010 年单方面向西扩大了防空识别区的边界，最近的离中国也就 130 公里，几乎成了对中国的“前沿封锁线”，如果中国继续默认这个现状，人家在你门口自由进出，而你稍不留神，就可能穿越日本（包括美国）防空识别区，违反其规则、打破其划界了。小则给人以抗议的口实，大则给人以开战的借口。

中国及时地宣布划设东海防空识别区，与日本防空识别区大面积重叠，囊括钓鱼岛及周边海域，以同等的 130 公里近距离抵近日本国土，全面越过日本主张的“中间线”，适用对象包括所有军用航空器。以对等的方式，划设一个同样的防空识别区，形成一个中国的“前沿封锁线”，无论在何种情况下中国都主动了。

中国划设东海防空识别区就是立规矩。如果有人破坏规矩要不要管，当然得管。但“管”分不同情形。中国在宣布建立东海防空识别区时，并没有说你不让我识别我就把你打下来，而是说要采取“紧急处置措施”，如果你到防空识别区是想进入中国领空而不报告，可以把你打下来，如果你只是经过防空识别区而不是进入中国领空，中国可以用飞机或雷达监视和跟踪你。这种监视或跟踪，是对对方的一种心理威慑。因此，防空识别区的建立，意味着一个新的平台的建立，谁来都得照规矩办。

中国划设东海防空识别区还是在展示实力。中国有效地维护防空识别区，除了具有保卫钓鱼岛主权的作用，还表明对长期以来在中国附近肆无忌惮地飞来飞去的美国和日本的侦察机来说，中国现在有能力发现、跟踪并且打下来，从而大大增加了对方的心理压力。

其实，与日本巨大的防空识别区相比，中国的防空识别区实在太小。划设东海防空识别区是中国的第一步，从建设海洋强国战略目标看，中国的举措还会有。

（二）叙利亚化武危机中的中国声音和中国身影

2013 年 3 月 19 日叙利亚政府军及反对派武装互相指责对方在阿勒颇省使用含有化学物质的武器，造成十余人死亡，数十人受伤。8月21日叙利亚反对派指控叙利亚政府军使用化学武器攻击大马士革郊区，宣称多达1300人遭杀害。叙政府军否认指控。美国总统奥巴马认为，叙利亚总统为了维持他家族40年的统治，使用有毒气体，叙利亚必须为此接受惩罚。美国兴师动众准备“讨伐”。8月29日，外交部长王毅就叙利亚局势与德国外长韦斯特维勒、阿盟秘书长阿拉比通电话。王毅强调，中方反对任何人使用化学武器，谁使用谁就要负责任。联合国调查小组正在叙利亚开展工作。调查是否使用以及谁使用了化学武器应是解决问题的必有程序。在此问题上，应采取对历史负责任的态度。王毅重申，在事关战争与和平的问题上各方应保持冷静、客观。采取单边行动难以解决问题，其合法性也将遭到质疑。政治解决仍是叙利亚问题的唯一现实出路，各方要继续积极劝和促谈，全力争取尽快召开叙利亚问题第二次日内瓦会议，通过谈判找到出路。中国外交部发言人洪磊也在记者会上表示，中方一直关注叙利亚局势，始终认为政治解决是叙利亚问题的唯一现实出路。我们对有关国家可能采取单边局势行动表示严重关切。国际社会采取的任何行动都应遵守《联合国宪章》宗旨及国际关系基本准则，避免使叙利亚问题更加复杂化，避免给中东地区带来更多灾难。不难看出，中方的表态已经超出以往，不再是循规蹈矩的外交辞令，用语更坚决，态度更鲜明。公开质疑单边军事行动的合法性。

9月14日，俄罗斯外长拉夫罗夫与美国国务卿克里在日内瓦就转移或销毁叙利亚化学武器达成协议。根据协议，叙利亚必须在一周内向国际禁止化学武器组织提交所有叙境内化学武器清单，最终在2014年中期彻底销毁其境内的化学武器。9月27日联合国安理会一致通过关于叙利亚化学武器问题的第2118号决议，授权对叙利亚境内的化学武器进行核查和销毁。中方对这一问题的立场也是一贯的、明确的：反对使用化学武器，坚持在联合国框架内解决问题，呼吁政治解决叙利亚危机。美俄框架协议出台后，中方表示欢迎，支持在联合国框架内启动对叙化武的销毁工作，并与政治解决进程并行推进。中国前驻伊朗、阿联酋大使华黎明在接受中新社记者采访时说，框架协议虽然由美俄主导制定，但国际社会的反战舆论也起了重要作用。来自世界各国的和平呼声在道义上有力地牵制了有意对叙发动战争的国家，间接促使协议达成，推进危机的政治解决。

12月17日晚，禁止化学武器组织执行理事会举行会议，通过相关决定：俄罗斯提供的武装运输车首先在叙利亚境内12个地点收集化学武器，将其运至该国地中海港口城市拉塔基亚。其间，中国提供监控仪和10辆救护车，美国提供卫星导航服务。挪威和丹麦的运输船和海军护卫舰把化学武器通过地中海移交给在意大利某港口的美国海军，并由后者用配有钛合金集装箱等设备的军舰运往国际海域销毁。中国、俄罗斯为这一行动提供海上护航。这是中国海军战舰第一次赴地中海执行护航任务，也是中国第一次为化学武器销毁提供运输服务，意义重大。12月31日，中国海军第十六批护航编队导弹护卫舰盐城舰结束休整补给，从沙特吉达港起航，赴地中海执行为运输叙利亚化学武器船只护航任务。“盐城”号护卫舰和俄罗斯“彼得大帝”号核动力大型巡洋舰将负责货船在公海上的护航行动。

结 语

用中国梦作为结束语，或许是最合适的。

从 2012 年 11 月 29 日习近平和中央政治局常委参观《复兴之路》展览，提出中国梦就是实现中华民族伟大复兴，就是中华民族近代以来最伟大的梦想；到 2013 年 3 月 17 日十二届全国人大一次会议闭幕会，刚刚当选国家主席的习近平发表重要讲话，九次提到中国梦，深入阐释实现中国梦的正确方向，深刻揭示实现民族伟大复兴的必由之路，实现中国梦必须走中国道路，必须弘扬中国精神，必须凝聚中国力量，同时为了使中国梦得到美丽绽放；再到《人民日报》连续九次发表社论，纵论同心共筑中国梦，可以说中国梦已经深入人心。

一年来，新一届中央领导集体接过历史接力棒，开启复兴之路的新征程。中国的经济继续保持发展活力，重要领域改革有了新进展，政风民风呈现新气象，从“神十”飞天到“蛟龙”探海，从就业机会的增加到社会保障的完善，都在证明我们在续写辉煌。国家发展的每一个进步，个人幸福的每一点积累，都在激发出实现梦想的信心与力量。

中国梦归根结底是人民的梦，中华民族伟大复兴与每一个中国人息息相关，“必须紧紧依靠人民来实现，必须不断为人民造福”，为全国各族人民满怀信心走好中国道路注入强大的正能量，梦想才不是虚幻的，“两个一百年”目标才能实现。